国家自然博物馆藏品
二维影像采集及处理规范

夏晓飞 许 波 王俊杰 主编

化学工业出版社

·北京·

内容简介

本书是国家自然博物馆数字化团队对于自然类藏品数字化采集加工的研究总结。在北京市政府和北京市财政的大力支持下，数字化团队充分借鉴国内外先进的经验和技术标准，结合国家自然博物馆藏品的特点和实际需求，走出了一条具有自然博物馆特色的数字化规范道路。

本书详细描述了自然类藏品二维影像数据采集对人员、场地、技巧的相关要求，对采集的工作流程进行了系统梳理，对二维影像数据的保管和使用提出了指导性的建议。本书以国家自然博物馆藏品数字化采集项目为案例，深入分析了当前主流的二维影像采集设备与技术，探讨数据采集前的准备工作，介绍了影像处理的基本方法，解析常见的影像数据格式及其应用场景，探讨高效的数据管理及存储方案，确保数据安全与快速访问。这些规范明确了自然博物馆二维影像数据采集和加工的标准化，提高了数据的质量和可利用性，不仅为藏品的数字化工作提供了明确的指导和操作标准，也为相关领域的研究和实践提供了重要的参考依据。

图书在版编目（CIP）数据

国家自然博物馆藏品二维影像采集及处理规范 / 夏晓飞，许波，王俊杰主编 . -- 北京：化学工业出版社，2025. 9. -- ISBN 978-7-122-48426-0

Ⅰ. G264.2-39

中国国家版本馆 CIP 数据核字第 2025QY0962 号

责任编辑：李彦芳　　　　　　　　装帧设计：李子姮
责任校对：刘曦阳

出版发行：化学工业出版社
　　　　　（北京市东城区青年湖南街 13 号　邮政编码 100011）
印　　装：北京宝隆世纪印刷有限公司
710mm×1000mm　1/16　印张 11¹/₂　字数 136 千字
2025 年 9 月北京第 1 版第 1 次印刷

购书咨询：010-64518888　　　　售后服务：010-64518899
网　　址：http://www.cip.com.cn
凡购买本书，如有缺损质量问题，本社销售中心负责调换。

定　　价：128.00 元　　　　　　　　　　　　版权所有　违者必究

在数字化时代，自然类藏品的保护、传承与传播面临着新的机遇与挑战。数字化技术的飞速发展，也为自然类藏品的保存、研究和展示带来了前所未有的可能性。通过高精度的数字化采集，那些易损材质的、不便于长期展示的、不完整的藏品有了更便捷、更安全的展示场景，从而减少对藏品的物理接触，降低损坏风险。数字化后的藏品可以更方便地进行存储、管理和传播，让更多的人有机会欣赏和研究这些珍贵的自然遗产。

国家自然博物馆是国家级综合性自然博物馆，馆藏品 40 多万件，珍稀标本数量在国内自然博物馆居首位，如世界上出现的最早的有胎盘哺乳动物中华侏罗兽化石、复原全身羽毛颜色的赫氏近鸟龙化石、唯一保存完整的"黄河象"化石等，还收藏了许多珍贵的国礼标本，有着极高的科研、科普价值。为了更好地保护和利用这些藏品，在北京市委市政府和北京市财政局、北京市科学技术研究院的大力支持下，国家自然博物馆开展了大量卓有成效的藏品数字化工作。我馆数字化团队在藏品数字化的过程中，参考各类标准和规范，走出了一条具有自然博物馆特色的数字化规范道路。

然而，藏品数字化也存在着一些问题和挑战，数字化成果的标准与质量、数据接口的统一与流转、数据资源的共享与整合等，都需要一套科学、统一的规范。《国家自然博物馆藏品二维影像采集及处理规范》是我们充分借鉴国内外的先进经验和技术标准，结合自然博物馆藏品的特点和实际需求，从数字化采集设备的选择、采集参数的设置，到图像数据的处理、存储和管理，提出相应的技术要求和建议，旨在为藏品的数字化工作提供明确的指导和操作标准。

希望本书能够为国内外自然博物馆从事藏品数字化工作的机构和个人提供有益的参考，以更好地推动自然博物馆藏品数字化工作的规范化、标准化和可持续发展。让我们共同努力，乘着数字化转型浪潮，科学运用数字化技术，为保护和利用自然类藏品作出更多贡献。

万士林

2025 年 3 月 8 日

目 录

CONTENTS

第五章

腊叶标本二维影像采集
流程 //049

第一章

自然类藏品
数字化概述

一、自然类藏品数字化现状

1. 高质量的藏品是数字博物馆的重要资源

采用专业技术和高像素设备采集自然类藏品影像是建设数字博物馆的基础工作。国家自然博物馆作为我国唯一的国家级、综合性自然博物馆，代表国家保护、研究、收藏、阐释和展示自然物以及人类社会发展过程中具有历史、科学和艺术价值的自然遗产。

全世界约有 5000 个生物标本馆，馆藏着数以亿计的生物标本，是人类认识世界物种及其生态环境的重要依据，也是生物资源研究和保护的重要参考资料。这些标本几乎包含所有生物的分类单元的地理分布和时间的海量数据，提供了各种生物的原始地理分布及其随着时间变化的唯一大尺度的可证实的信息。各类生物的分布变化会对自然环境和人类生活产生深刻的影响。例如，生物入侵、气候变化或其他环境动态会造成生物群落的变化，同时会直接影响水和食物的供应、气候和疾病的管理、营养物质的循环、作物的传粉等，甚至会破坏局部的生态链、生态位。获取这些生物多样性变化数据的重要性，将随着这些变化造成的经济影响的显现而变得更显著。

然而，这些标本及其承载的信息，往往只有标本馆的研究人员能够获取。其他单位的研究人员如果需要检视这些标本，必须亲自到达标本所在的单位或者通过借用。但借用需要昂贵的费用和烦琐的邮寄过程，而且标本容易在邮寄过程中损坏。在考虑如何有效地共享这些标本的需求下，藏品数字化应需而生。在这个人人都讲大数据的时代，将藏品信息数字化并在线开放，将是博物馆、标本馆充分发挥其作用的必然趋势。

国家自然博物馆馆藏品40多万件，珍稀标本数量在国内自然博物馆居首位，有着极高的研究价值与学术价值。对这些藏品进行高质量、高标准的数字化，充分利用数字化成果，可以给馆内各部门、博物馆爱好者、专家等人群提供不同的数字化应用场景，满足不同的需求。

高质量的藏品数字化影像，在一定程度上代表着博物馆的数字化、信息化水平。在藏品数字化过程中，尽量采用高性能、高画质的成熟技术设备，以最大程度确保文物影像的真实性、科学性、观赏性。

2. 藏品数字化是建立数字博物馆的基础工作

数字博物馆是一套完整的藏品影像数字信息系统。数字博物馆的基础工作是对馆藏品进行的一系列数字化视觉资源建设。这项工作是由高水平的专业拍摄人员利用多种高画质的拍摄设备、高精度扫描设备、先进的高科技硬件设备等来完成的一系列藏品数字化加工工作。

藏品数字化加工工作水平的高低，数字化加工工作流程的规范与否，直接影响博物馆相关业务工作的发展水平。博物馆数字化建设的成败，在很大程度上与藏品数字化加工技术的应用与管理水平有直接关系，可以互相促进，共同进步，共同规范。

藏品数字化过程虽然是对藏品进行影像数字信息采集整理保存的过程，但是由于数字化成果可以为科普、科研、展览、文创等领域提供全面的技术支持，因此，藏品影像信息是博物馆开展各项工作不可缺少的重要资源，是博物馆数字资源的主体信息，同时也是藏品数字信息系统的一个重要基础。藏品数字信息资源将成为数字博物馆的核心内容。

二、自然类藏品数字化的意义

　　藏品数字化是一个"减负"的过程。通过藏品数字化工作，可以在后期展览策划、藏品查阅、各应用场景中减少实体藏品的被扰动次数，提高了藏品的安全系数。同时，藏品数字化为线上工作提供了保障，不受空间和时间的限制，提高了工作效率，降低了办公成本。

　　国家自然博物馆的藏品数字化工作，是在数字化浪潮之下进行的快速数字化工作，同国外博物馆、国内文博领域博物馆相比，具有后发优势，要借助数字技术手段扬长避短、放大优势，同时讲好中国故事，传递中国的精神和文化价值主张。

三、规范自然类藏品数字化工作势在必行

　　目前，各博物馆自行开展（特别是自然类博物馆）数字影像采集工作，各馆依循自己不同的数字化标准进行采集和数据管理，尤其是图像数据的交换和交互操作。博物馆之间缺乏统筹整合，没有数据标准，这在很大程度上阻碍了藏品数据的共享，降低了数据的利用效率，也给数据治理工作带来困难。建设一套符合博物馆业务流程的藏品数据的采集、管理、交换以及应用的标准体系，可以使博物馆在最大程度上实现数据操作的有序性，从而有效指导博物馆的数字化加工工作。

　　有了规范的藏品影像采集规范，可以为后续各类数字化应用提供一个清晰的规则和标准。藏品数字化工作规范先行，藏品数字化工作才有"序"、有"框"、有"接口"。有了规范的藏品影像采集规范，才能为后续工作的开展和

创新奠定基础，才能拓展更多的藏品应用场景，才能更好地保障藏品信息安全，才能便于藏品数据交换和系统集成。

四、自然类藏品数字化的展望

1. 数字信息化建设是博物馆可持续发展的必然趋势

数字博物馆必然会在博物馆的未来展示形式中占有一席之地，开展数字信息化建设是博物馆可持续发展的必然趋势，因此有广阔的发展前景。数字博物馆是传统博物馆的延伸，可以更好地整合、共享博物馆资源，为公众提供更加广泛的服务。

建设数字博物馆将激发出博物馆巨大的文化能量，能更好地践行"为社会和社会发展服务"的理念，这是形势之必然、大势之所趋。尹力书记在国家自然博物馆调研时也明确指出："用好5G、人工智能、大数据等新技术，提升藏品数字化水平，在数字展览、云端直播、智能服务等方面推出更多应用场景，加快建设智慧博物馆。"

在科学技术快速发展的今天，以原始形式保存的藏品信息已经无法满足人们对知识和信息资源获取的数量和速度的更高需求。数字技术、网络技术等高新科技的飞速发展，必然会加快全球博物馆数字化建设的进程。

2. 生物标本数字化是科学领域发展的基础性工作

在信息时代的大背景下，将植物、动物等生物资源的标本数字化，是世界各国相关科学领域发展的基础性工作。在此过程中，会产生大量的数据，可为多种研究提供权威的数据支持。如NSII作为我国标本数字化的领头羊，截至

2025 年 5 月 13 日，数字化标本记录已经达到 1644 万份，其中植物标本数字化量超过 1000 万份。尽管总量较大，但与国际同行相比还有一定差距。我国馆藏品标本的数字化需要有更多标本馆、高校、博物馆等机构加入。

如何使用这些数据，涉及后期的数据治理、数据清洗、数据挖掘，也必然涉及人工智能，如知识图谱、大模型，也必然涉及区块链、知识产权等。

数字化建设要服务于博物馆战略和业务发展需要。基于博物馆自身定位和特色，构建数字化场景并选择合适的技术路线，支撑博物馆业务发展和管理运营。我们在进行藏品影像采集的同时，也重视其他数字化基础能力建设。藏品数字化和数字资产管理是博物馆数字化的基础能力，对博物馆的各场景的数字化应用起到基础支撑作用。在信息化建设中，要保持战略定力，对藏品数字化、数字藏品库等数字化基础能力建设进行持续的投入，重视数据资产的积累和应用。

第二章

自然类藏品
数字化
参考标准和
术语解释

一、参考标准

藏品数字化工作，标准先行。数字化过程不能过于依赖个人的经验和能力，缺乏统一的规范会导致藏品数字化质量不可控。国家自然博物馆的藏品二维影像采集过程中，主要参考如下标准。

（1）《中华人民共和国文物保护法》。

（2）《中华人民共和国文物保护法实施细则》。

（3）《中华人民共和国保守国家秘密法》。

（4）《国际博物馆藏品信息准则》。

（5）《博物馆藏品保管工作手册》。

（6）《中华人民共和国档案法》。

（7）《博物馆藏品管理办法》。

（8）《博物馆藏品二维影像技术规范（试行）》。

（9）《标本摄影技术指南》。

（10）《腊叶标本数字影像要求与拍摄指南》。

（11）《博物馆藏品信息指标著录规范》。

（12）《国家植物标本资源库标本数字化工作流程及要求（2020版）》。

（13）《标准化工作导则》GB/T 1.1—2020。

（14）《纸质档案数字化技术规范》DA/T 31—2017。

（15）《中国植物分类与代码》GB/T 14467—2021。

二、拍摄术语解释

1. 感光平面

感光平面是照相机中感光体的感光面在曝光时应处的理想平面位置。

2. 画幅

画幅是感光体上单幅影像所占的面积。例如 135 照相机胶片上的标准画幅尺寸为 24mm × 36mm。

3. 标准镜头

标准镜头是焦距长度和所摄画幅的对角线长度大致相等的摄影镜头，其视角一般与人眼视角大致相同。

4. 微距镜头

微距镜头是一种专门用于拍摄极小物体的镜头。它具有高放大率和短对焦距离，能够将物体放大至原物体尺寸的一倍甚至更大，其对焦距离非常短，可以拍摄到非常近的物体细节。

5. 图像横纵比率

图像横纵比率是指影像的宽度与高度之比。

6. 感光度

感光度是指感光体对于可见光或其他辐射能的敏感程度。

7. 像素

图像都是由许多点组成的，每个点叫作一个像素。像素是组成电子图像的基本单位，用来存储颜色信息，像素一般用 Pixels 或 px 表示。

8. 有效像素数

有效像素数是图像传感器上能从镜头接收到的光信号，并能被数码照相机最终输出的静止图像的数据所反映的像素数。

9. 死点

死点是指图像传感器有效像素中永远不能感光的像素点。

10. 坏点

坏点是指图像传感器有效像素中异常感光的像素点。

11. 噪声

噪声，在本书中指成像系统响应中不该有的变异。

12. 焦点

焦点是指轴上无限远物点所发出的光线通过光学系统后所汇聚的点。

13. 焦距

焦距是指光学系统的像方主点到焦点之间的距离。

14. 焦平面

焦平面是指通过焦点并与镜头光轴垂直的平面。

15. 物像距

物象距是指光轴上物点到像点的距离。

16. 法兰焦距

法兰焦距是指镜头与照相机机身连接定位面至镜头调焦到无穷远时的最佳像面的轴上光程。

17. 景深

景深是指在感光平面上均能获得相对清晰的影像时所对应的物平面的轴向深度。

18. 分辨率

分辨率是指每英寸有多少个像素点，单位是 dpi（dot per inch）。

19. 颜色模式

颜色模式是将某种颜色表现为数字形式的模型，或者说是一种记录图像颜色的方式，分为 Lab 颜色模式、RGB 颜色模式、CMYK 颜色模式等。

20. Lab 颜色模式

Lab 颜色模式是一种基于人类视觉感知的色彩模型，具有不依赖于设备的优点，能够表现比 RGB 颜色模式和 CMYK 颜色模式更广泛的色彩范围。Lab 颜色模式由三个部分组成：L 表示亮度（Luminosity），a 表示从红色到绿色的范围，b 表示从蓝色到黄色的范围。

21. RGB 颜色模式

RGB 颜色模式是一种通过红（Red）、绿（Green）、蓝（Blue）三个颜色通道的变化以及它们相互之间的叠加来得到各种颜色的模式。

22. CMYK 颜色模式

CMYK 颜色模式主要用于印刷和打印。它由青色（Cyan）、洋红色（Magenta）、黄色（Yellow）和黑色（Black）四种颜色组成。

23. 色域

色域是指某种颜色模式所能表达的颜色数量所构成的区域，色域越大，颜色越多。Lab 颜色模式 > RGB 颜色模式 > CMYK 颜色模式。

24. 灰度值

灰度值是每一种纯色彩的光强度指标。灰度表示从最亮到最黑总共分成的色阶级数，一般都是 2 的幂数。

25. 位深

位深也叫色彩深度，用来表示每个像素存储信息的多少。位深用二进制表示，例如一个 8 位位深的 RGB 图像，每个像素可表达 $2^8 × 2^8 × 2^8 ≈ 1670$ 万种可能的颜色。位深高意味着更准确的颜色表达和更丰富的颜色数量，文件所占空间也越大。

26. 色温

色温是描述光源颜色的参量。在不同温度下绝对黑体（一种对外来辐射既不反射也不透射，而是全部吸收的物体）可以辐射出不同颜色的光，而且辐射光的颜色只和温度有关，温度确定，光的颜色也就确定。色温以绝对温度 K 表示。

27. 白平衡

白平衡是描述显示器中红、绿、蓝三基色混合生成后白色精确度的一项指标，通过它可以解决色彩还原和色调处理的一系列问题。

28. JPEG 格式

JPEG 是 Joint Photographic Experts Group（联合图像专家组）的缩写，是图像压缩技术标准，该标准由国际标准化组织（ISO）制定，是面向连续色调静止图像的一种压缩标准。JPEG 格式是最常用的图像文件格式，后缀名为 .jpg 或 .jpeg，是当前常用的一种有损压缩算法。

29. TIF 格式

TIFF 是 Tagged Image File Format（标记图像文件格式）的缩写，文件的后缀名是 .TIF，是现阶段印刷行业使用最广泛的文件格式。这种文件格式是由 Aldus（阿尔杜斯）公司和 Microsoft（微软）公司为存储黑白图像、灰度图像和彩色图像而定义的存储格式。

30. RAW 格式

RAW 格式的全称是 RAW Image Format（未经加工的图像文件格式），其核心特点是保留了拍摄时的原始数据，包括 ISO 设置、快门速度、光圈值、白平衡等元数据，未经过任何压缩和处理，因此被称为"原始图像编码数据"或

"数字底片"。

31. 压缩比

　　压缩比是指图像文件原始大小和经压缩后图像文件大小之间的比例。压缩比越大，图像质量也就越差，压缩比大可以使得生成的图像占用更小的空间，有利于进行网络传输以及存储留档，但较大的压缩比往往造成图像质量降低。小的压缩比能尽可能地保证图像质量。

第三章

自然类藏品
二维影像
采集基本要求

一、对二维影像采集人员的基本要求

影像采集人员负责记录和保存重要的影像信息，在二维影像采集过程中占据重要角色，直接关系到藏品、设施设备的安全，也关系到影像质量，具体要求如下。

（1）具有一定标本影像采集业务知识，对标本有一定的了解。

（2）熟悉博物馆管理工作流程，了解博物馆管理制度。

（3）具备摄影技能，能熟练操作摄影图像及计算机图像处理、非线性编辑等软件。

（4）具有良好的职业道德，能胜任藏品二维影像数据采集工作。

（5）所有参与本项目的工作人员在正式拍摄之前，应到博物馆进行报备、审查，接受藏品管理部、信息技术部、行政安保部等相关部门进行的安全和技术培训。如无特殊情况，不能随意更换人员。

（6）拍摄人员由博物馆指定专人负责出入库房和摄影时间，做好每次出入库房的登记、报备，确保在指定地点、路线内工作，不得在工作区域以外的地方走动。

（7）所有参与藏品二维影像采集的工作人员都应承担保密协议约定的保密责任，妥善保管有关文件和资料，以确保协议的履行。

（8）对于在工作中任何过失行为造成泄密的工作人员或非工作人员，视情节轻重和损害程度，立即给予降职、降薪或解除聘用等处分，同时追究赔偿责任，问题严重者将追究其刑事责任。

（9）定期对数字化项目成员进行保密法及保密制度的宣教。

（10）所有参与本项目的工作人员在数字化加工实施过程中，非工作需要不得将所有影像数据及与工作有关的资料通过任何介质拷贝带出摄影场地，不得将博物馆的库房情况及存放资料的位置透露给其他人。

（11）所有非本项目工作人员因工作需要进入现场，除了征得博物馆负责人同意外，还需要严格按照相关管理规定进行登记，包括进入时间、外来人员姓名、外来人员联系方式、外来人员所在单位、事由、携带物品、接待人、离开时间等，登记簿交博物馆备查。

（12）所有工作人员因工作需要进入现场，不允许带进、带出各种计算机磁盘、光盘、移动硬盘等易于存储文件资料的存储介质。

（13）保证全部影像数据不通过互联网传输，不外泄，不私自留存复制。

（14）所有数据不得利用任何介质拷贝带出博物馆。

（15）所有拍摄成果归国家自然博物馆所有，中标的工作人员或单位在未经许可的情况下不得使用。

二、对二维影像采集团队配备的基本要求

为了确保高质量完成藏品影像采集工作，项目组应组建一支优秀的数字化团队，应配备项目管理员、主责摄影师、摄影助理、数据管理员等。藏品二维影像采集工作团队成员推荐配置见表3-1。

表 3-1　藏品二维影像采集工作团队成员推荐配置

序号	角色	人数	职责
1	项目管理员	1	1. 承担整个二维影像采集团队人员的管理、监督职责 2. 负责把控二维影像采集团队的影像质量 3. 负责影像采集设备的维护、整理及安全巡查，协调拍摄场地等问题
2	主责摄影师	1	1. 承担藏品二维影像采集工作 2. 负责整个二维影像采集团队影像文件的数据安全 3. 负责影像采集设备的维护、整理及安全巡查
3	摄影助理	2	1. 配合主责摄影师完成标本数字化影像采集工作，如灯光、设备方位调整等 2. 协助主责摄影师进行数码影像登记工作 3. 负责拍摄工作室的清洁整理
4	数据管理员	1	1. 配合主责摄影师完成影像文件的整理工作 2. 在主责摄影师的指导下完成影像文件的精修工作 3. 负责影像文件的加工、整理、录入、上传工作

三、对二维影像采集场地的要求

影像数据采集的场地环境可优于但不应低于下列要求。

1. 位置

采集场地需靠近博物馆藏品库房，通道平坦，房门宽度适当；温度和湿度与藏品库房的温度和湿度相近。

2. 空间

空间高度应满足大型藏品拍摄需要；面积应满足合理划分藏品采集等候

区、采集工作区等；采集工作区应具有足够面积，以满足设备合理安全地安装或摆放，并易于操作；整体应不透光，能防尘。

3. 地面

地面应采用非燃或阻燃材料，做防滑处理，平坦无凸起。

4. 墙面

墙面应采用非燃或阻燃材料，墙面应做防火、防潮、防渗漏、防灰尘处理。

5. 供电

供电负荷应大于设备、照明全部开启时的用电总负荷；宜安装交流配电箱；移动用电宜使用符合国家标准的移动电缆盘；墙面预埋安装的插座电源不应与照明电源同一回路；用电设备应尽量直接连接墙面插座，单个接线板不应连接多个用电设备，禁止采用接线板再连接线板方式为设备供电。

6. 辅助用具

推车等运输工具应运行平稳，减震性能良好；工作台等操作平台应平整、稳固、边缘圆滑。

7. 安防

安全防护、消防设施与藏品库房标准一致，保持安防工作的灵敏、有效。工作室内应标注消防疏散通道并保持畅通。

8. 监控

与博物馆监控系统或智能楼宇系统相连接，保证监控设备完好，监控无死角，保证数据采集过程全程监控。

9. 警示

在适宜位置安置警示标识，提示禁止吸烟、禁止使用明火、禁止进食饮水、访客免入、随手关门、离开锁门等内容。

四、设备选择

1. 数码相机机身

如图 3-1 所示，使用高像素数码相机机身。数码相机可优于但不应低于以下要求。

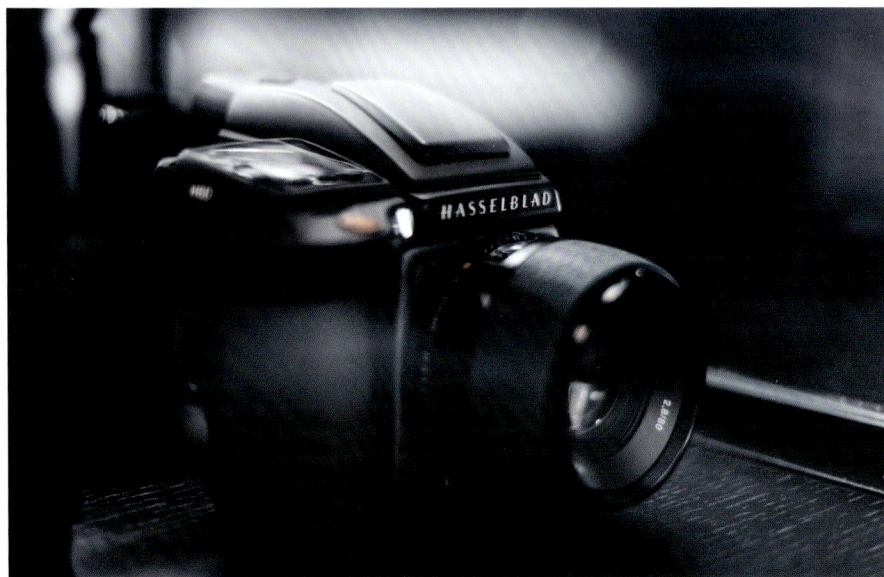

图 3-1　数码相机（哈苏 H6D）

（1）有效像素≥10000万。

（2）传感器尺寸≥43mm×32mm。

（3）色彩深度为16BIT。

（4）动态范围15级。

2. 镜头

如图3-2所示，推荐使用微距定焦镜头或标准镜头。镜头可优于但不应低于下列要求。

（1）镜头的分辨率必须不低于相机机身的解像力。

（2）必须支持全手动调焦。

（3）不应出现歪斜或扇形畸变，无肉眼可感知到的桶形或枕形畸变。

图3-2　单反相机镜头

3. 翻拍架

如图3-3所示，应配备稳定性较高的翻拍架。翻拍架可优于但不应低于下列要求。

（1）翻拍架伸缩臂的最大高度必须满足所选用的镜头和相机能够一次性获取标本的整

图3-3　翻拍架

体影像，也即伸缩臂的最大高度必须高于物像距。

（2）翻拍架伸缩臂的最大承重必须大于安装在其上的拍摄设备的总重。

（3）翻拍架必须满足：在充足光照的前提下，所选用相机以原始最低感光度、最大影像尺寸、1/15s 的快门速度、正常拍摄模式下（无反光板预升）拍摄的影像在 100% 放大状态下无肉眼可以辨识的震动模糊。

4. 灯光

如图 3-4 所示，所用灯光应能有效记录被摄标本的造型、色彩和材质。灯光设备和布光环境可优于但不应低于下列要求。

（1）输出功率：800J。

（2）回电时间：0.07~1.9s。

图 3-4　灯光设备示意

图 3-5　比色卡示意

（3）连续频闪最高 50 闪次。

（4）灯具功率稳定，色温准确，显色指数在 95% 以上。

（5）灯具数量和型号应能满足拍摄平面藏品、立体藏品的基本布光需要。

（6）灯具导轨或灯架应牢固、稳定。

5. 比色卡

如图 3-5 所示，应选用经国际质量管理体系认证的小型 24 色标准比色卡，用于后期影像色彩平衡。

6. 白平衡卡

如图 3-6 所示，白平衡卡用于相机白平衡，设定白平衡卡应选用经国际质量管理体系认证的小型白平衡卡。

图 3-6   白平衡卡示意

7. 水平仪

如图 3-7 所示，水平仪用于校准相机或者翻拍架底座位置，以使其保持水平，应选用可以同时校准纵向和横向水平位置的水平仪。热靴水平仪可装在相机热靴位置，直接用来校准相机水平。

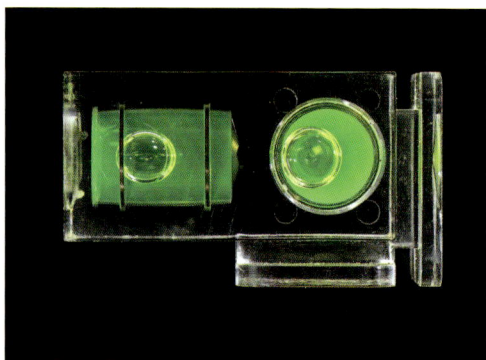

图 3-7   热靴水平仪

8. 相机线控或无线控制设备

如图 3-8 所示，相机线控或无线控制设备是指用于在外围控制相机快门或拍摄参数设定的设备，包括线控快门、无线快门、智能终端（如微型计算机、平板计算机、智能手机等）。

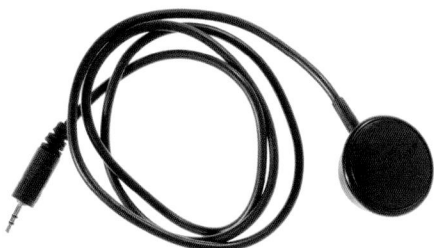

图 3-8　相机线控设备示意

9. 存储卡

如图 3-9 所示，存储卡是相机上的独立存储介质。数字化采集过程中，由于基本使用的是单反相机，使用的存储卡一般用 SD 卡、CF 卡。

图 3-9　存储卡示意

10. 读卡器

如图 3-10 所示，读卡器是将多媒体卡作为移动存储设备进行读写的接口设备，用于读取存储卡上的图像数据。有些读卡器只可以访问一种存储卡，另一些就是多合一读卡器。

图 3-10　读卡器示意

11. 图形工作站

如图 3-11 所示，图形工作站用于拍摄影像后期处理，参数如下。

显卡为集成显卡；内存至少 32G；显示器分辨率为 4480 × 2520。

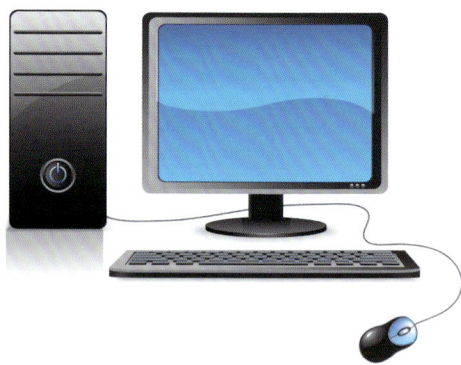

图 3-11　图形工作站示意

12. 临时存储设备

如图 3-12 所示，临时存储设备用于存储数字化过程中产生的拍摄影像数据，后期按照要求存入相应的存储服务器等设备中，推荐使用 NAS 设备作为临时存储设备。设备参数如下。

PU 为 AMD 锐龙八核以上；内存 16GB 以上；转速为 7200r/min；传输速度为 180～240MB/s。

图 3-12　NAS 临时存储设备

13. 测光表

如图 3-13 所示，测光表是一种用来测量光的强度的仪器。在摄影中，测光表被用来确定适当的曝光时间。在胶片感光度和快

图 3-13　测光表

门速度已知的情况下，测光表给出获得最佳曝光的光圈值。测光表也被用来控制照明的亮度，或者被用作手持的仪器，确保光强符合拍摄的要求。

五、影像采集前准备

博物馆藏品二维影像数据采集，应符合服务于博物馆展陈、教育、交流及内部管理等工作目的的要求；拟进行二维影像采集的标本清单、采集内容、采集方式和实施时间，应按照博物馆管理制度办理报批手续。

采集前应依据安全制度检查采集场地，检查采集设备状态。

六、标本出库管理

标本出库要按照以下要求开展工作。

（1）应按照博物馆管理制度，办理标本提用审批程序。标本管理人员依据批准的标本清单办理出库，并负责把标本运送至二维影像采集场地；采集完毕后，标本管理人员应即刻运送藏品回库房、办理归库。

（2）管理人员负责对出库的标本实体进行出库登记，并由管理人员和提取标本出库人员共同签字确认。

（3）提取人员负责填写"标本提取单"相关信息，如发现空号、错位、未进馆、重号、缺失等情况，需要在"标本提取单"上明确说明，对短缺以及其他特殊情况的处理要进行详细记录，最后由提取人员和管理人员一起签字确认。

（4）管理人员陪同、跟踪、监督提取人员将标本实体从博物馆库房运送到加工采集现场的全过程。

（5）摄影师对进入加工现场的标本实体进行入场登记，并由摄影师和提取人员共同签字确认。

七、标本搬运管理

博物馆藏品二维影像数据采集时需要移动藏品。在藏品移动时，影像采集团队成员需要在库房管理员的指挥下，按照以下要求开展工作。

（1）爱惜标本，轻拿轻放。

（2）如果需要和标本直接接触，需要戴上防护手套，避免手上的汗液对标本造成损伤。

（3）不要把印有标本数据的标签和登记号码条与标本分开。

（4）要注意排列方法，把标本移动至目标标本室后，必须按照原来的排列方式进行排列。如果标本的排列方法和原先不一样，就不容易找到标本，会给博物馆和研究者带来极大不便。

（5）使用推车少量多次搬运，在推车周围塞上防冲击缓冲材料，防止标本碰撞损坏。

八、标本归还管理

在完成图像采集后，由摄影助理对归还的标本实体进行逐份清点，然后从加工现场将需要归还的标本实体送至库房，在每次标本归还的过程中，严格执行下面一系列规定。

（1）管理人员负责对归还入库的标本实体进行归还登记，并由管理人员和标本摄影助理共同签字确认。

（2）标本摄影助理负责填写"归还单"相关信息，包括归还时间、年度、起止号、所还份数等信息，项目经理共同对出场的标本实体进行逐份清点，最后需要由摄影助理和项目经理一起签字确认。

（3）管理人员需要陪同、跟踪、监督摄影助理将标本实体从加工现场运送到博物馆库房的全过程，以确保标本实体在运输过程中不被损坏，保持完好。

（4）管理人员对进入库房的标本实体进行入库登记，包括归还日期、年度、起止号、归还份数等信息，并由管理人员和摄影助理共同签字确认，以确保标本实体的安全和准确归还。

九、标本安全管理

博物馆藏品二维影像数据采集过程中，除了标本搬运需要注意标本安全外，其他环节也存在标本安全风险，需要有以下安全意识。

（1）在博物馆标本数字化影像数据采集过程中，严格遵守博物馆标本管理和数据采集相关要求，特别是标本安全保护的制度。

（2）从库房拿出的标本，在数字化加工完成后应及时还回库房。

（3）在拍摄过程中，要爱惜标本，轻拿轻放，不得对标本造成损伤，不得随意涂改、污损标本上的标签等，要确保标本完整与安全。

（4）如标本发生损伤，应立即报告，并与管理人员拍摄、记录现场情况，明确相应责任。

（5）严禁将食物带入库房。

（6）严禁将易燃、易爆物品带入库房。

（7）数字化现场严禁吸烟。

十、针对标本本身拍摄时的注意事项

1. 浸制标本

除拍摄浸泡状态下的标本外，有条件的情况下，可将标本从保存液中短时间取出，擦拭干标本表面残留的保存液，再对标本本身进行拍摄。

2. 标本拍摄

除对标本不同角度的拍摄外，应在不破坏标本的前提下，对该标本明显的鉴定特征进行局部特写拍摄。同物种不同标本，应对其特有的特征进行拍摄，以方便同物种标本间的区分。

3. 成套标本

可拆分的成套标本，要分别对整套标本和各个标本进行拍摄。

第四章

自然类藏品
二维影像
技术要求

一、标本影像基本要求

标本影像制作的基本要求有以下三点。

（1）标本影像的区域必须囊括整个标本实物，对于需要拍摄多张细节照片的标本，则必须保证有一张完整的标本整体影像图片，如图 4-1 所示。

（2）标本影像中必须附有标尺色卡。

图 4-1
完整的标本
整体影像图片

采集签

标尺色卡

条形码

鉴定签

（3）标本影像中的采集号牌等不得遮挡原有的采集信息、鉴定信息、条形码和一些特别标识，这些特别标识如模式标本印记、材料采集标记、分割线、备注和尺寸标注等。

二、影像视角

所有标本整体影像图片必须有一张垂直于标本实物焦平面的角度，如图4-2所示，以展示标本内容。

图 4-2　垂直于标本实物焦平面的角度示意

三、影像无变形

　　照片变形是指图像内容在拍摄、处理或显示过程中发生的非预期的形状变化。这些变化可能是由于多种原因造成的，本书采用的镜头是定焦或者标准镜头，故主要涉及透视变形及镜头变形。

　　透视变形是因拍摄角度和位置导致的变形；镜头变形是因光线通过镜头时产生的折射和损失导致的变形。

　　在二维影像采集过程中，要求所有拍摄的标本影像无变形，如图 4-3 所示。

无变形

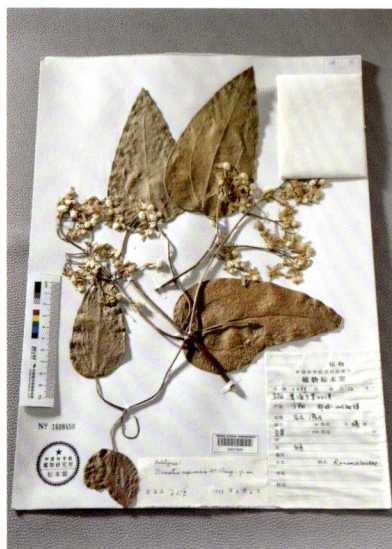

透视变形

镜头变形

图 4-3　标本影像示意

四、标本图像最低像素

图像的像素数量决定其分辨率，即图像的清晰度和细节。在进行图像编辑和处理时，高像素的图像提供了更多的操作空间，合理的裁剪和调整不会损失太多细节。为了使采集的二维影像在后期有更多的应用场景，本规范综合现有状况及技术能力，提出标本图像像素不低于 8000 万，如图 4-4 所示。

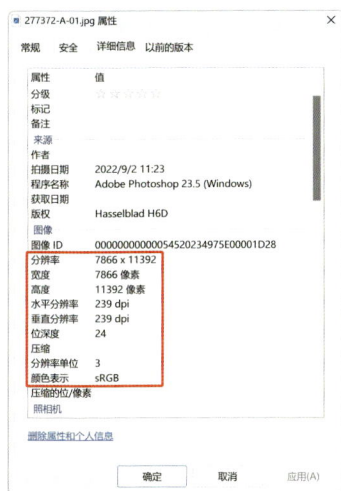

图 4-4

标本图像像素不低于 8000 万
示意（左为藏品影像，
右为照片信息）

图 4-5　在 100% 放大状态下照片无肉眼可辨的影像模糊

五、震动模糊

　　震动模糊是指由于相机震动或目标物体移动时形成的照片或图像模糊现象。在藏品二维影像采集过程中，要求图片在 100% 放大状态下，没有因翻拍台、三脚架或相机震动而产生肉眼可辨的影像模糊，如图 4-5 所示。

六、焦点和景深

　　一份拍摄合格的藏品二维影像照片，需要有准确的焦点和景深。标本图片的焦点须处于标本影像中心区域（最好是标本影像的中点）。前后景深范围不小于 100mm，对于少数厚度过大的标本则需根据实际情况进一步增大光圈数以缩小光圈。

七、曝光准确度

曝光必须适度，才能保证标本影像的亮度尽可能地还原藏品各个层次的细节和色彩。对于绝大多数标本而言，其灰度直方图应当满足：左右两侧无过多溢出，台纸高亮区右侧无明显空缺，如图 4-6 所示；不能曝光不足，如图 4-7 所示，也不能曝光过度，如图 4-8 所示。

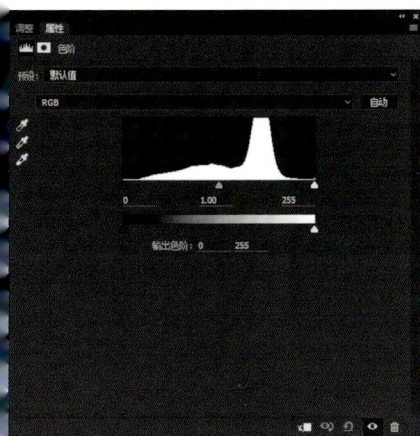

图 4-6
适度曝光的标本图像
示意（左为藏品影
像，右为照片信息）

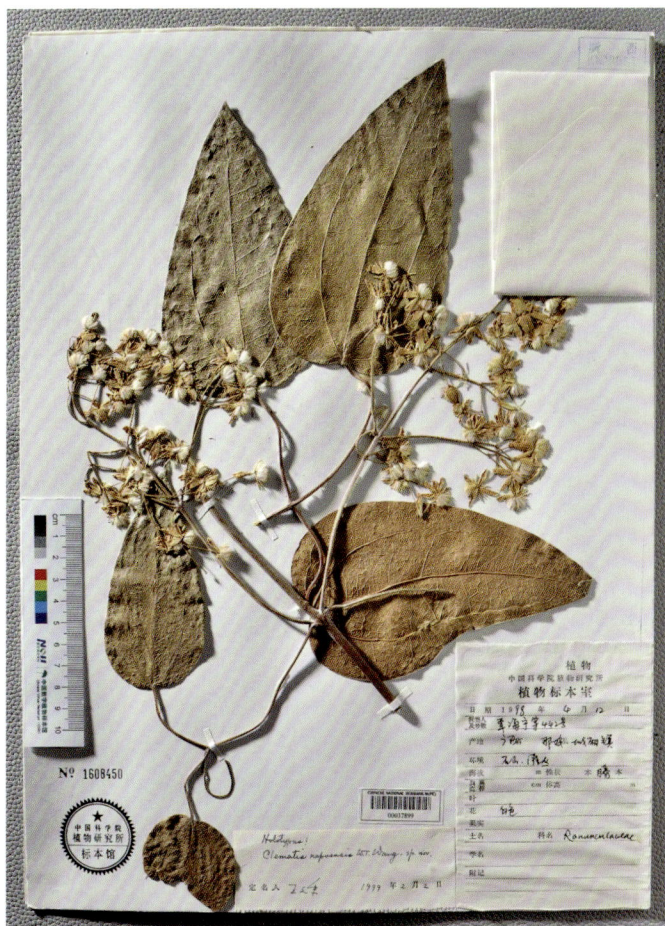

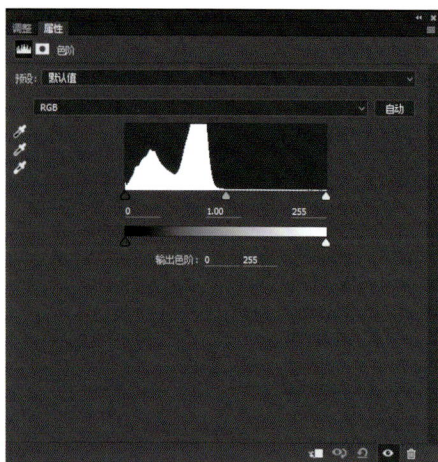

图 4-7

曝光不足的标本图像示意

（上为藏品影像，下为照片信息）

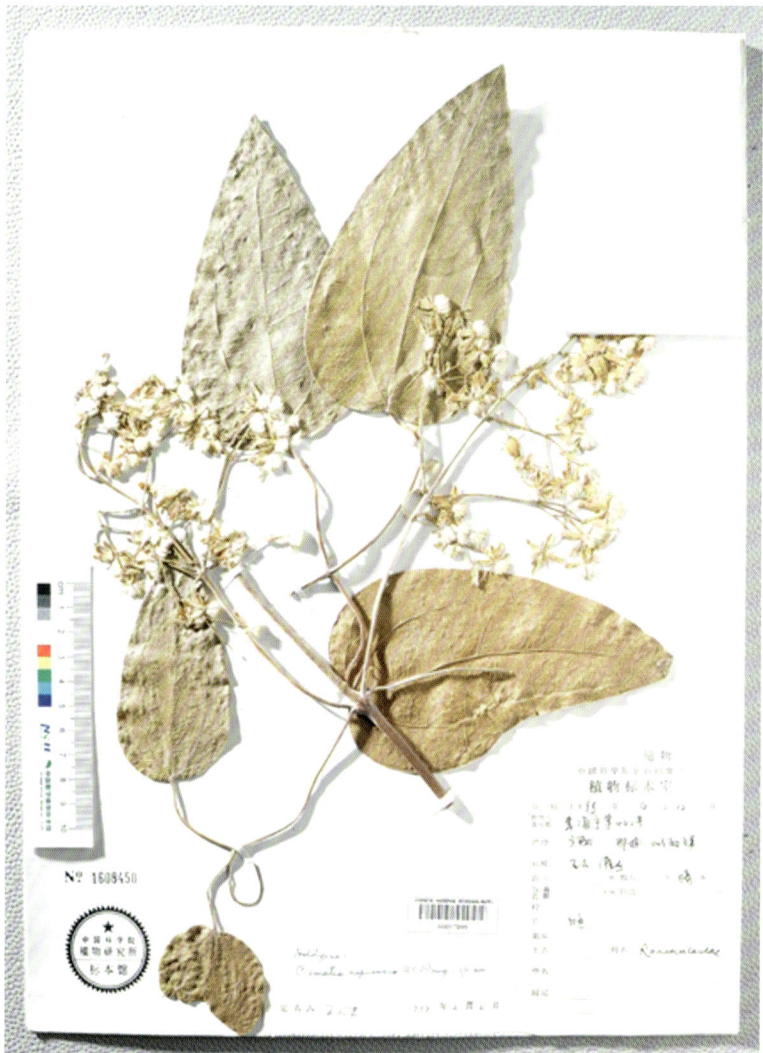

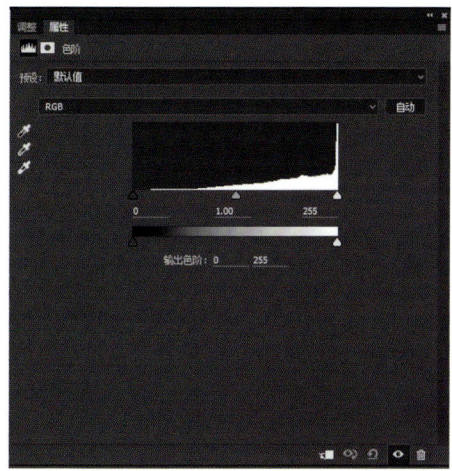

图 4-8
曝光过度的标本图像示意
（上为藏品影像，下为照片信息）

八、像素缺陷

像素缺陷通常指的是图像传感器上的坏点或不响应的像素，这些像素可能不会正确记录光线，导致图像上出现异常的亮点或暗点。标本影像内像素缺陷（坏点和死点）数不得超过 2 个，其中影像中央四分之一面积的范围内不允许出现像素缺陷。

九、噪点

图片在 100% 放大状态下无肉眼明显可见的噪点，如图 4-9 所示。

图 4-9　在 100% 放大状态下无肉眼明显可见噪点的图像示意

十、分辨率

100% 放大状态下，标本影像中心处至少应该可清晰辨别和区分 0.05mm 宽度的线条，边角处可辨别和区分 0.15mm 宽度的线条。

十一、色差

色差是指两个颜色在颜色知觉上的差异，它包括明度差、彩度差和色相差三个方面。本规范涉及的藏品二维影像要求无肉眼可见的明显色差。

十二、锐度

锐度是描述图像中边缘和细节清晰度的一个术语，它涉及图像的对比度和分辨率。锐度高的图像，其边缘清晰，细节分明；锐度低的图像边缘模糊，细节不够清晰。本规范涉及的藏品二维影像要求等比例打印或放大后标本各部分对象轮廓清晰且易于区别。

十三、单色像差

单色像差是指在光学系统中，对于单色光（即单一波长的光）成像时所产生的像差。这些像差包括球差、慧差等。本规范涉及的藏品二维影像要求如下。

（1）100% 放大后，无肉眼可见的球差光斑或色边。

（2）100% 放大后，无肉眼可见的彗差光斑或色边。

（3）100% 放大后，无因镜头像散而造成的肉眼可感知的内容，无边角损失或色边的出现。

（4）不应出现歪斜或扇形畸变，无肉眼可感知到的桶形或枕形畸变。

十四、白平衡

在一定色温照明下，所拍摄的影像均应获得十分准确的白平衡，如图 4-10 所示。

十五、色彩

本规范涉及的藏品二维影像中的色彩要求，主要是 RGB 颜色模式要求。

（1）标本影像必须采用 RGB 色空间表现色彩（s RGB 或 Adobe RGB 均可）。

（2）标本影像中色卡的黑色块取样，R、G、B 彼此间差值应在 7 个单位内，并且色值应约为 50；对白色块进行同样程序，其红、绿、蓝色值各应为 245。

（3）对于色偏的检查，可选择色卡中灰色块，其 R、G、B 色值应为 128，彼此相差应该在 7 个单位内。

十六、图像核查

在藏品二维影像采集过程中，为了降低后期返工的风险，主责摄影师在每天拍摄完成后需要对拍摄的图像进行核查，所有图像应满足以下要求。

（1）数字标本影像的区域必须囊括整个标本实物，对于需要拍摄多张细节照片的标本，必须保证有一张标本整体影像图片。

（2）标本影像中必须附有标准标尺色卡。

（3）标本影像中的采集签、标尺色卡等不得遮挡原有的采集信息、鉴定信息、条形码、模式标本印记、材料采集标记、分割线、备注、尺寸标注等特别标识。

（4）如无必要，标本影像区域内不得出现其他与标本内容毫不相关的内容，如笔、数据线、拍摄灯角、水平仪等。

（5）对于仅有收藏袋而台纸上毫无标本主体的标本，标本图片必须展示收藏袋内的内容。

（6）所有植物标本整体影像图片，必须以垂直于标本实物焦平面的角度展示标本内容。

（7）图片在100%放大状态下，没有因翻拍台或相机震动而产生肉眼可辨的影像模糊。

（8）标本图片的焦点须处于标本影像中心区域，最好是标本影像的中点。

（9）前后景深范围不小于100mm。

（10）曝光必须适度，以保证标本影像的亮度能够尽可能地还原台纸至标本实体各个层次的细节和色彩，对于绝大多数标本而言，其灰度直方图应当满足左右两侧无过多溢出，台纸高亮区右侧无明显空缺。

（11）标本影像内缺陷像素（坏点和死点）数不得超过2个，其中影像中央四分之一面积的范围内不允许出现缺陷像素。

（12）图片在100%放大状态下，无肉眼明显可见的噪点。

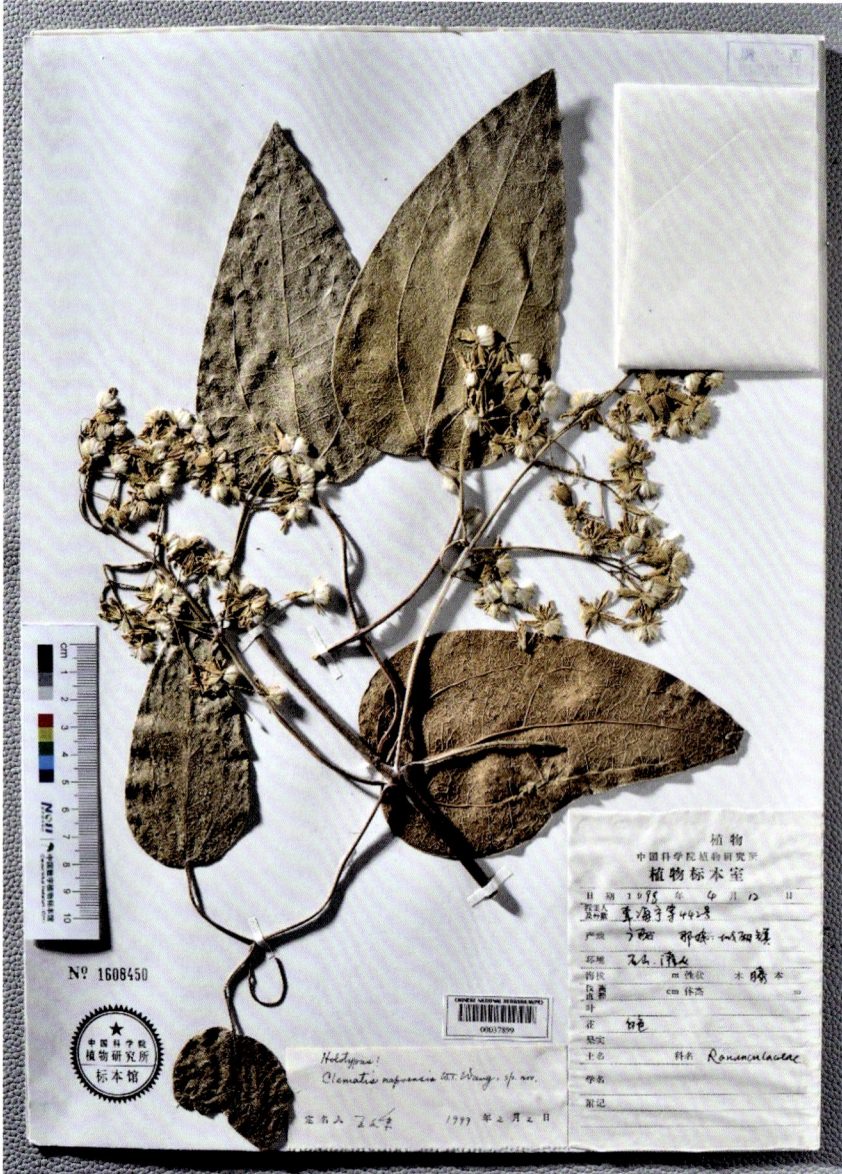

白平衡正常

图 4-10   不同白平衡状态下图像示意

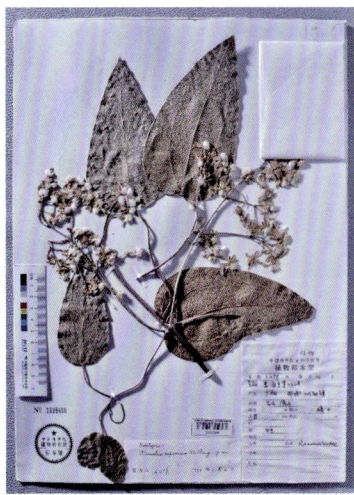

白平衡不正常

（13）图像 100% 放大状态下，标本影像中心处至少应该可清晰辨别和区分 0.05mm 宽度的线条，边角处可辨别和区分 0.15mm 宽度的线条。

（14）图像无肉眼可见的明显色差。

（15）等比例放大后标本主体各部对象轮廓清晰且易于区别。

（16）100% 放大后，无肉眼可见的球差光斑或色边。

（17）100% 放大后，无肉眼可见的彗差光斑或色边。

（18）100% 放大后，无因镜头像散而造成的肉眼可感知的内容边角损失或色边的出现。

（19）不应出现歪斜或扇形畸变，无肉眼可感知到的桶形或枕形畸变。

（20）对于不满足以上要求的标本，应在第二天及时重新拍摄，并对重拍图像进行抽检，直到抽检合格为止。

十七、藏品二维影像采集过程中的备份

在藏品二维影像采集过程中，为了有效地保护数据，避免存储设备发生意外损坏，导致图像数据丢失，应当在完成图像抽检合格后及时对图像进行双重备份。

1. 备份方式

将项目中拍摄合格的图像以 TIFF 格式或 JPG 格式文件拷贝到硬盘或云盘中。

2. 备份要求

备份后的影像文件能打开并能正常浏览，文件数量应与原始文件数一致。

十八、图像处理

图像处理人员需要对采集的图像文件进行进一步处理，用正版的专业图像处理软件（如 Adobe Photoshop）对图像中不符合需求标准的地方进行处理，在处理过程中将不足的地方记录下来并返回给拍摄环节，并监督拍摄人员将其修改，确保数字化加工的图像质量，图像处理主要包括以下内容。

（1）裁减掉影像内非标本区域的内容。

（2）整体或者局部进行适当的曝光量调节。

（3）标本图像需进行图片色彩校准，以真实记录标本实物的色彩。

（4）所有图像严格按照博物馆要求进行命名，然后按照博物馆对藏品分类的相关要求将处理好的图像分门别类地存储到指定位置。

十九、图像质检

在藏品二维影像采集过程中，为了降低后期返工的风险，需要及时对处理完的图像进行逐份检查，所有图像应满足以下要求。

（1）标本影像必须采用 RGB 颜色模式来表现色彩（s RGB 或 Adobe RGB 均可）。

（2）对标本影像中色卡的黑色块取样，R、G、B 彼此间差值应在 7 个单位内，色值应为 50。对白色块进行同样程序，其红、绿、蓝色值应为 245。

（3）对于色偏的检查可选择色卡中的灰色块，其 R、G、B 色值应为 128，彼此差值应在 7 个单位内。

对于不满足以上要求的图像，应对图像重新进行处理，直到逐份通过检查为止。

二十、存储格式

标本原始图片存储为不低于 16 位的 JPEG 格式、TIF 格式或 RAW 格式。

5

第五章

腊叶标本
二维影像
采集流程

一、腊叶标本简介

　　腊叶标本，也称为压制标本。制作腊叶标本的过程一般包括采集、压制、上台纸、保存，即首先采集新鲜的植物材料，其次用吸水纸压制并干燥植物材料，然后将其装订在白色硬纸上，这样就制成了干制植物标本。腊叶标本是自然类博物馆馆藏品中的重要类别，在植物分类学研究中发挥着不可替代的作用。

二、腊叶标本二维影像采集整体要求

　　腊叶标本二维影像采集整体要求如下。

　　（1）每件藏品从前、后、左、右等多角度、多部位至少拍摄 5 张照片。植物除整体拍摄外，需单独拍摄其花、果、茎、叶等重要器官。照片成像清晰、白平衡准确、色彩自然、亮度适合。单张照片分辨率大于 8000 万像素。

　　（2）腊叶标本二维影像需附有标准色卡、刻度尺。

　　（3）腊叶标本二维影像中需体现出藏品条形码。

　　（4）拍摄时，色卡、刻度尺等不得遮挡原有采集信息、鉴定签等标本原有标识。

　　（5）如无必要，腊叶标本二维影像中不得出现与标本无关的内容，如镜头盖、笔等。

　　（6）对于有收藏袋的腊叶标本，腊叶标本二维影像需对袋中内容进行展示。

（7）拍摄过程中要爱惜标本，轻拿轻放。

三、场地选择

拍摄环境应尽量避免室外或室内其他光线的干扰，应避开窗户、门口等易受其他光线干扰的地方。如果不能避开窗户，需要将窗帘拉上。拍摄应保持光环境在不同时段都相对稳定，需专门搭建一个摄影棚，拍摄时关闭拍摄现场的其他光源，只利用摄影灯进行补光。

四、设备搭建

1. 翻拍架位置校准

翻拍架的底座要保证水平放置，可使用翻拍架上的内置水平仪进行水平校正。

2. 相机固定

安装好相机的内存卡、电源、镜头、遮光罩后，通过相机机身底部的螺口将相机固定在悬臂云台上。

3. 相机水平校准

将水平仪放置在相机的热靴座上，通过水平仪判断相机是否呈水平放置，将相机调整至水平位置后，拧紧云台螺丝并锁定云台。

4. 线控或无线控制设备连接

（1）若采用线控快门拍摄，则应找到相应线控快门接口，正确安装并固定好线控快门。

（2）若采用智能终端线控程序进行拍摄，则此时应该通过数据线将相机和计算机连接并做好调试。

（3）若采用无线快门或智能终端（微型计算机、平板计算机、智能手机等）无线控制程序进行拍摄，则应按照需求构建好无线链路并做好调试。

5. 布光

（1）两侧布光。将两个摄影闪光灯放置在拍摄台左右两侧，两扇矩形光源以相对于载物台 45°的倾角布置于拍摄台两侧，矩形光源的中心点与标本的中心点连线应大致垂直于光源平面，如图 5-1 所示。

图 5-1　两侧布光示意

图 5-2　单侧布光示意

（2）单侧布光。将摄影灯放置在拍摄台左侧，距离翻拍架底座 1.5m 处，光线与翻拍台约呈 30°的倾角。在标本右下方用白卡纸做反射补光，提高暗部细节，如图 5-2 所示。

五、相机设置

采集腊叶标本的二维影像时，相机设置要满足以下要求。

1. 相机基本设置

（1）设定机身和镜头均为手动对焦模式。

（2）设定相机曝光模式为手动（M 档）。

（3）设定相机以最大尺寸拍摄。

（4）设定相机以至少 16 位的 RAW 格式进行拍摄。

（5）设定相机测光模式为平均测光。

2. 相机白平衡校准

拿出白平衡卡（务必保证卡面无污渍污染），置于相机正下方的载物台上，保证照明光线与拍照时用得完全一致，调整悬臂高度，使白平衡卡充满相机的整个视野，按相机中自定义白平衡的说明进行操作。

3. 确定相机高度和标本摆放位置

（1）调整悬臂高度，使相机能将标本拍完整。

（2）在载物台上摆放好一份腊叶标本，然后通过相机屏幕查看是否对焦准确，手动或自动调焦，使标本完全合焦。观察标本是否完全纳入影像拍摄范围内，若不能，则可调节悬臂至适当高度，再次自动或者手动合焦，以标本尽可能地纳入影像拍摄区域为宜。对于过小的藏品标本，需要适当考虑后期照片叠加技术，以消除或降低由于景深造成的标本信息丢失的情况。

（3）在放标本的位置做好标记，以方便下次快速准确地放置标本。

4. 光圈设置

对于大多数拍摄对象，需预先将光圈调至固定值，以使得相机获得的前后景深范围不小于 100mm。在不低于此标准的前提下，应尽可能地选用镜头光学性能最佳的光圈值进行拍摄，如图 5-3 所示。对于少数过厚的标本，则需根据实际情况进一步增大光圈数以缩小光圈。

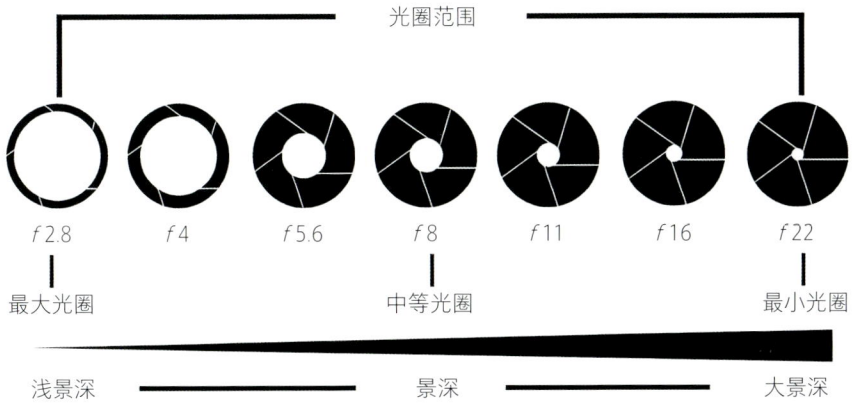

光圈范围

f2.8　　f4　　f5.6　　f8　　f11　　f16　　f22

最大光圈　　　　　　　中等光圈　　　　　　最小光圈

浅景深　　　　　　　　景深　　　　　　　大景深

图 5-3　光圈设置

5. 曝光控制

（1）将相机 ISO 感光度设置为原始最小值。

（2）使用测光表进行测光，测出准确的快门速度。

（3）将相机的快门速度调至测光表测出的数值，如图 5-4 所示。

图 5-4　曝光控制示意

6. 确定对焦点

摆放好腊叶标本，通过屏幕观察 100% 放大状态下的电子取景的图像，确定影像四角是否模糊，如模糊则手动调节镜头的调焦环，直至模糊消失。

六、标本整理

在进行标本影像采集之前，摄影助理需对所提标本实体进行逐份整理、清理、加固，使标本达到数字化采集的合格标本。合格标本的主要标准是有采集完整的记录签和鉴定签。采集记录至少包含采集人（队）、采集签、采集时间和采集地等基本信息；定名签或鉴定名称要求到种，至少到属（拉丁名）；对于未鉴定的标本应邀请相关类群专家来鉴定标本，及时对所缺标签进行增补。

七、腊叶标本二维影像采集

1. 采集标本完整影像

用标准镜头采集植物标本完整影像，如图 5-5 所示。

2. 采集标本特写影像

用微距镜头采集植物腊叶标本的花（图 5-6）、叶（图 5-7）、茎（图 5-8）等重要鉴定器官的影像。

图 5-5　植物腊叶标本完整影像示意

图 5-6

植物腊叶标本中花的特写

图 5-7

植物腊叶标本中叶的特写

图 5-8

植物腊叶标本中茎的特写

第六章

菌物标本
二维影像
采集流程

一、菌物标本简介

菌物标本是真菌类标本、地衣类标本、病害植物标本的统称，在这里不是严格意义的科学概念，只是由于拍摄技术路线及要求相似，故合为一章。

真菌是一类真核生物，无根、茎、叶分化，以单细胞（如酵母）或多细胞（如蘑菇）形式存在，具有细胞壁和细胞核，但不含叶绿素，因此不能进行光合作用。真菌通过吸收环境中的有机物质来获取营养，属于异养生物。

地衣是由真菌和藻类或蓝细菌（原核生物）两类不同生物共生组成的复合体。这种共生关系使得地衣能够在极端环境中生存，如岩石、树皮、沙漠地带。

病害植物是指由于受到病原生物或不良环境条件的持续干扰，其正常生理功能受到严重影响，从而在生理上和外观上表现出异常现象的植物。这些病原生物包括细菌、真菌、病毒、线虫和寄生性植物等。

菌物标本在自然博物馆中扮演着重要角色，是研究真菌分类学、地衣学、进化历史和生物多样性的重要资源。

二、菌物标本二维影像采集整体要求

菌物标本二维影像采集的整体要求如下。

（1）菌物标本二维影像需附有标准色卡、刻度尺。

（2）菌物标本二维影像中需体现出藏品条形码。

（3）拍摄时，色卡、刻度尺等不得遮挡原有采集信息、鉴定信息等标本原有标识。

（4）如无必要，菌物标本二维影像中不得出现与标本无关的内容，如镜头盖、笔等。

（5）对于有收藏袋的菌物标本，二维影像需对袋中内容进行展示。

（6）拍摄过程中要爱惜标本，轻拿轻放。

三、场地选择

拍摄环境应尽量避免室外或室内其他光线的干扰，应避开窗户、门口等易受其他光线干扰的地方。如果不能避开窗户，需要将窗帘拉上。拍摄应保持光环境在不同时段都相对稳定，需专门搭建一个摄影棚，且拍摄时关闭拍摄现场的其他光源，只利用摄影灯进行补光。

四、设备搭建

1. 翻拍架位置校准

翻拍架的底座要保证水平放置，可使用翻拍架上的内置水平仪进行水平校正。

2. 相机固定

安装好相机的内存卡、电源、镜头、遮光罩后，通过相机机身底部的螺口将相机固定在悬臂云台上。

3. 相机水平校准

将水平仪放置在相机的热靴座上，通过水平仪判断相机是否呈水平放置，将相机调整至水平位置后，拧紧云台螺丝并锁定云台。

4. 线控或无线控制设备连接

（1）若采用线控快门拍摄，则应找到相应线控快门接口，正确安装并固定好线控快门。

（2）若采用智能终端线控程序进行拍摄，则此时应该通过数据线将相机和计算机连接并做好调试。

（3）若采用无线快门或智能终端（微型计算机、平板计算机、智能手机等）无线控制程序进行拍摄，则应按照需求构建好无线链路并做好调试。

5. 布光

（1）两侧布光。将两个摄影闪光灯放置在拍摄台左右两侧，两扇矩形光源以相对于载物台45°的倾角布置于拍摄台两侧，矩形光源的中心点与标本的中心点连线应大致垂直于光源平面。

（2）单侧补光。将摄影灯放置在拍摄台左侧，距离翻拍架底座1.5m处，光线与翻拍台约呈30°的倾角。在标本右下方用白卡纸做反射补光，提高暗部细节。

五、相机设置

采集菌物标本的二维影像时，相机设置要满足以下要求。

1. 相机基本设置

（1）设定机身和镜头均为手动对焦模式。

（2）设定相机曝光模式为手动（M 档）。

（3）设定相机以最大尺寸拍摄。

（4）设定相机以至少 16 位的 RAW 格式进行拍摄。

（5）设定相机测光模式为平均测光。

2. 相机白平衡校准

拿出白平衡卡（务必保证卡面无污渍污染），置于相机正下方的载物台上，保证照明光线与拍照时用得完全一致，调整悬臂高度，使白平衡卡充满相机的整个视野，按相机中自定义白平衡的说明进行操作。

3. 确定相机高度和标本摆放位置

（1）调整悬臂高度，使相机能将标本拍完整。

（2）在载物台上摆放好一份菌物标本，然后通过相机屏幕查看是否对焦准确，手动或自动调焦，使标本完全合焦。观察标本是否完全纳入影像拍摄范围内，若不能，则可调节悬臂至适当高度，再次自动或者手动合焦；以标本尽可能地占据影像拍摄区域为宜。对于过小的菌类标本，需要适当考虑后期照片叠加技术，以消除或降低由于景深造成的标本信息丢失的情况。

（3）在放标本的位置做好标记，以方便下次快速准确地放置标本。

4. 光圈设置

对于大多数拍摄对象，需预先将光圈调至固定值，以使得相机获得的前后景深范围不小于100mm。在不低于此标准的前提下，应尽可能地选用镜头光学性能最佳的光圈值进行拍摄。对于少数过厚的标本，则需根据实际情况进一步增大光圈数以缩小光圈。

5. 曝光控制

（1）将相机 ISO 感光度设置为原始最小值。

（2）使用测光表进行测光，测出准确的快门速度。

（3）将相机的快门速度调至测光表测出的数值。

6. 确定对焦点

摆放好标本，通过屏幕观察 100% 放大状态下的电子取景的图像，确定影像四角是否模糊，如模糊则通过手动调节镜头的调焦环，直至模糊消失。

六、标本整理

在进行标本影像采集之前，摄影助理需对所提标本实体进行逐份整理、清理、加固，使标本达到数字化采集的合格标本，合格标本的主要标准是有采集完整的记录签和鉴定签。采集记录至少包含采集人（队）、采集签、采集时间和采集地等基本信息；定名签或鉴定名称要求到种，至少到属（拉丁名）；对于未鉴定的标本应邀请相关类群专家来鉴定标本，及时对所缺标签进行增补。

七、菌物标本二维影像采集

1. 采集真菌标本完整影像

用标准镜头采集真菌及附属物标本的完整影像，如图 6-1 所示。

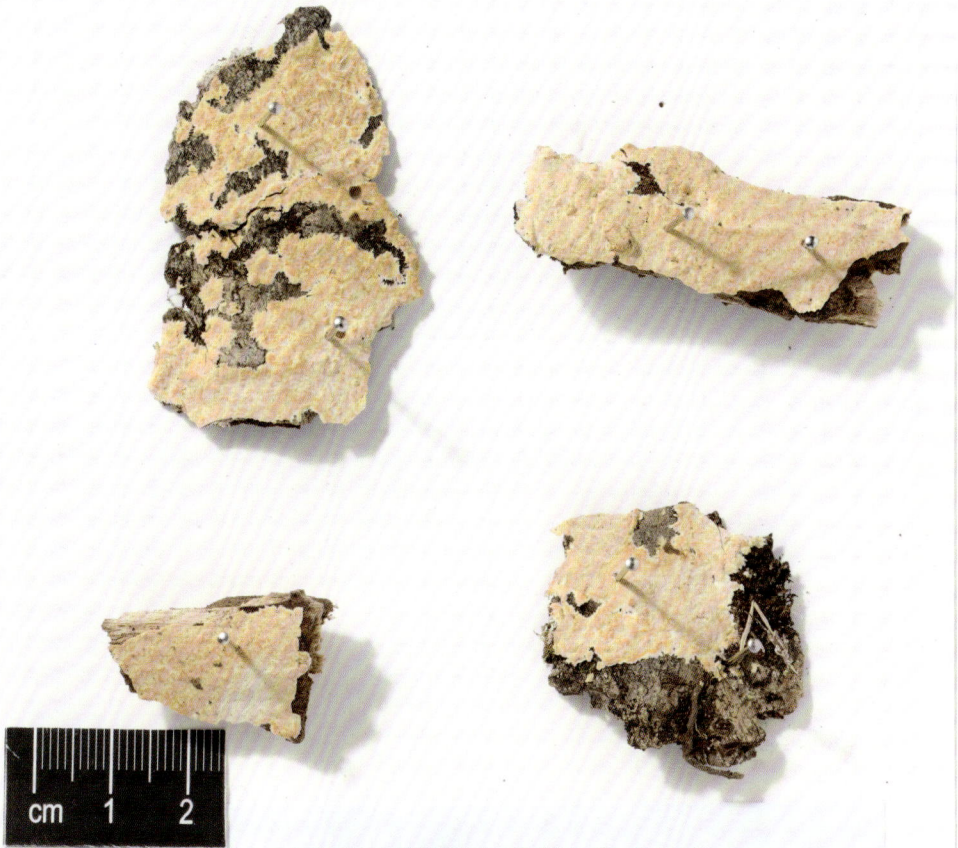

北京自然博物馆植物标本室（BJM）

总登记号：295310   分类号：BH075699

中文名：皱纹安娜罗莎胶囊革菌   科：Stereaceae 韧革菌科

拉丁名：*Annarosaea rugulosa* (Berk. & M.A. Curtis) Nakasone & S.H. He

鉴定人：何双辉   鉴定日期：2016-3-5

采集地：中国，云南省，保山市，高黎贡山自然保护区百花岭，阔叶树树皮

采集人：何双辉

采集号：He 3442   采集日期：2015-11-30   0295310

图 6-1 真菌及附属物标本的完整影像

2. 采集真菌标本特写影像

用微距镜头采集真菌及附属物标本特写，如图 6-2 所示。图 6-1 的标本分为四部分，故需用微距镜头进行分别拍摄。

3. 采集病害植物标本完整影像

用标准镜头采集病害植物标本的完整影像，如图 6-3 所示。

图 6-2
真菌及附属物标本微距
特写示意

植物病害标本

病害名称：小麦腥黑穗病

病原中文名：小麦网腥黑粉菌

病原拉丁名：*Tilletia caries* (DC.) Tul. & C. Tul.

寄主：小麦 *Triticum aestivum* L.

采集人：刘芳

采集日期：2017.7

采集地点：北京市怀柔区汤河口镇四道河

北京自然博物馆（BJM）

BH064470

小麦腥黑穗病

0277324

图 6-3　病害植物标本完整影像

4. 采集病害植物标本特写影像

用微距镜头采集病害标本特写，如图 6-4 所示。

图 6-4   病害植物标本微距特写示意

第七章

矿物标本
二维影像
采集流程

一、矿物标本简介

　　矿物是地球地壳中自然形成的无机固体物质，通常具有固定的化学成分和确定的晶体结构。矿物既可以是由单一元素组成的化合物，也可以是由多种元素组成的化合物。矿物标本是指适合收藏及展览的矿物，通常会考虑其晶体的大小、形状、颜色、透明度、光泽、是否带围岩、晶簇、外部造型和标本的完整性等。矿物标本在全球范围内都有广泛的分布，例如湖南郴州瑶岗仙矿山出产的矿物标本因其高品质和独特造型而备受国际知名博物馆和收藏家的青睐。

二、矿物标本二维影像采集整体要求

　　矿物标本二维影像采集整体要求如下。

　　（1）矿物标本二维影像须附有标准色卡、刻度尺。

　　（2）拍摄时，色卡、刻度尺等不得遮挡原有采集信息、鉴定信息等标本原有标识。

　　（3）在拍摄前，应充分了解矿物的物理和化学特性，如颜色、光泽、晶体结构和光学性质。

　　（4）使用柔和散射的光源，减少反光和阴影，同时可以使用背光来强调矿物的透光性；应根据矿物的颜色来调节灯光色温，以确保矿物色彩的准确性。

（5）选择对比度高的背景，如纯色或渐变色背景纸，以突出矿物的特征。白色背景适合色彩对比度高的矿物，灰色背景适合浅色矿物，深色背景需谨慎使用。

（6）拍摄过程中要爱惜标本，轻拿轻放，对于较为沉重的矿物标本，搬运时更要注意自身及标本安全。

三、场地选择

选择采集矿物标本影像的场地时主要考虑场地的光线和光环境的稳定性，同时要考虑某些矿物较为沉重，某些矿物较为贵重，需考虑运输的便捷性和标本的安全性。

1. 光线要求

拍摄环境应尽量避免室外或室内其他光线的干扰，应避开窗户、门口等易形成光线干扰的地方，如果不能避开窗户，需要将窗帘拉上。

2. 光环境的稳定性

拍摄应保持光环境在不同时段都相对稳定，需专门搭建一个摄影棚，拍摄时关闭拍摄现场的其他光源，只利用摄影灯进行补光。

四、设备搭建

1. 翻拍架

对于小件矿物标本，需使用翻拍架。翻拍架位置需进行校准：翻拍架的底座要保证水平放置，可使用翻拍架上的内置水平仪进行水平校正。

2. 相机固定

安装好相机的内存卡、电源、镜头、遮光罩后，通过相机机身底部的螺口将相机固定在悬臂云台上。

3. 相机水平校准

将水平仪放置在相机的热靴座上，通过水平仪判断相机是否呈水平放置，将相机调整至水平位置后，拧紧云台螺丝并锁定云台。

4. 线控或无线控制设备连接

（1）若采用线控快门拍摄，则应找到相应线控快门接口，正确安装并固定好线控快门。

（2）若采用智能终端线控程序进行拍摄，则此时应该通过数据线将相机和计算机连接并做好调试。

（3）若采用无线快门或智能终端（微型计算机、平板计算机、智能手机等）无线控制程序进行拍摄，则应按照需求构建好无线链路并做好调试。

5. 布光

（1）两侧布光。将两个摄影闪光灯放置在拍摄台左右两侧，两扇矩形光源以相对于载物台45°的倾角布置于拍摄台两侧，矩形光源的中心点与标本的中心点连线应大致垂直于光源平面。

（2）单侧补光。将摄影灯放置在拍摄台左侧，距离翻拍架底座1.5m处，光线与翻拍台约呈30°的倾角。在标本右下方用白卡纸做反射补光，提高暗部细节。

五、相机设置

采集矿物标本的二维影像时，相机设置要满足以下要求。

1. 相机基本设置

（1）设定机身和镜头均为手动对焦模式。

（2）设定相机曝光模式为手动（M 档）。

（3）设定相机以最大尺寸拍摄。

（4）设定相机以至少 16 位的 RAW 格式进行拍摄。

（5）设定相机测光模式为平均测光。

2. 相机白平衡校准

拿出白平衡卡（务必保证卡面无污渍污染），置于相机正下方的载物台上，保证照明光线与拍照时用得完全一致，调整悬臂高度，使白平衡卡充满相机的整个视野，按相机中自定义白平衡的说明进行操作。

3. 确定相机高度和标本摆放位置

（1）调整悬臂高度，使相机能将标本拍完整。

（2）在载物台上摆放好一份矿物标本，然后通过相机屏幕查看是否对焦准确，手动或自动调焦，以使得标本完全合焦。观察标本是否完全纳入影像拍摄范围内，若不能，则可调节悬臂至适当高度，再次自动或手动合焦，以标本尽可能地占据影像拍摄区域为宜。对于过小的矿物标本，需要适当考虑后期照片叠加技术，以消除或者降低由于景深造成的矿物标本信息丢失的情况。

（3）在放标本的位置做好标记，以方便下次快速准确地放置标本。

4. 光圈设置

对于大多数拍摄对象，需预先将光圈调至固定值，以使得相机获得的前后景深范围不小于 100mm。在不低于此标准的前提下，应尽可能地选用镜头光学性能最佳的光圈值进行拍摄。对于少数过厚的标本，则需根据实际情况进一步增大光圈数以缩小光圈。

5. 曝光控制

（1）将相机 ISO 感光度设置为原始最小值。

（2）使用测光表进行测光，测出准确的快门速度。

（3）将相机的快门速度调至测光表测出的数值。

6. 确定对焦点

摆放好矿物标本，通过屏幕观察 100% 放大状态下的电子取景的图像，确定影像四角是否模糊，如模糊则手动调节镜头的调焦环，直至模糊消失。

六、标本整理

在进行标本影像采集之前，由摄影助理需要对所提标本实体进行逐份整理、清理、加固，使标本达到数字化采集的合格标本。合格标本的主要标准是有采集完整的记录签和鉴定签。采集记录至少包含采集人（队）、采集签、采集时间和采集地等基本信息；定名签或鉴定名称要求到种，至少到属（拉丁名）；对于未鉴定的标本应邀请相关专家来鉴定标本，及时对所缺标签进行增补。

七、影像采集

用标准镜头采集矿物标本的完整影像，至少拍摄正面（图 7-1）、侧面（图 7-2）、顶面（图 7-3）三个角度影像。

图 7-1　矿物标本正面影像

图 7-2   矿物标本侧面影像

图 7-3   矿物标本顶面影像

第八章

8

古生物标本
二维影像
采集流程

一、古生物标本简介

古生物是指在人类历史记录之前存在于地球上的生物，包括植物、无脊椎动物和脊椎动物等。这些生物在死亡后通过钙化、碳化、硅化等过程形成化石，成为古生物学研究的主要对象。

古生物学的研究不仅限于化石本身，还包括对化石所处地质环境的研究，以揭示古代生物与环境之间的互动。古生物学的研究对象非常广泛，从微观的微生物化石到宏观的恐龙骨骼，都有涉及。此外，古生物学还与其他学科，如地质学、生态学等紧密相关，能帮助科学家们理解地球历史上的生物演化和环境变化。

古生物标本不仅包括恐龙、鱼类、哺乳动物等大型脊椎动物化石，如 20 多米的巨型古生物马门溪龙标本（图 8-1）；还包括无脊椎动物化石、植物化石、微体化石等，如孔虫、硅藻、植物的花粉和孢子及一些大型生物的微小部分。它们大小不一，尺寸跨度极大。

由于大型古生物标本基本上采用二维拍照加三维扫描的数字采集模式，故本章不予介绍，具体请参照国家自然博物馆数字化丛书《国家自然博物馆藏品三维影像采集规范》。微体化石由于尺寸较小，基本采用光学显微镜、电子显微镜进行影像采集，本章也不涉及。小型骨架类古生物标本影像采集请参照本书第十章。

图 8-1　大型古生物化石标本

二、古生物标本二维影像采集整体要求

古生物标本二维影像采集整体要求如下。

（1）古生物标本二维影像须附有标准色卡、刻度尺。

（2）拍摄时，色卡、刻度尺等不得遮挡原有采集信息、鉴定信息等标本原有标识。

（3）拍摄时应从多个角度（顶部、底部和侧面）进行拍摄，以提供更全面的古生物标本视图。

（4）确保背景颜色适当，浅灰色背景可以减少标本的反射和阴影，黑色背景适用于灰泥质化石标本，以确保色彩的准确性。

（5）选择对比度高的背景，如纯色或渐变色背景纸，以突出古生物标本的特征。白色背景适合对比度高的古生物标本，灰色背景适合浅色古生物标本，而深色背景需谨慎使用。

（6）拍摄过程中要爱惜标本，轻拿轻放，对于较为沉重的古生物标本，搬运时更需注意自身及标本安全。

三、场地选择

拍摄环境应尽量避免室外或室内其他光线的干扰，应避开窗户、门口等易受其他光线干扰的地方，如果不能避开窗户，需要将窗帘拉上。

拍摄应保持光环境在不同时段都相对稳定，需专门搭建一个摄影棚，拍摄时关闭拍摄现场的其他光源，只利用摄影灯进行补光。

某些古生物标本较为沉重，某些古生物标本较为贵重，选择场地时应考虑运输的便捷性及标本的安全性。

四、设备搭建

1. 翻拍架

对于小件古生物标本，需使用翻拍架。翻拍架位置需进行校准，翻拍架的底座要保证水平放置，可使用翻拍架上的内置水平仪进行水平校正。

2. 相机固定

安装好相机的内存卡、电源、镜头、遮光罩后，通过相机机身底部的螺口将相机固定在悬臂云台上。

3. 相机水平校准

将水平仪放置在相机的热靴座上，通过水平仪判断相机是否呈水平放置，将相机调整至水平位置后，拧紧云台螺丝并锁定云台。

4. 线控或无线控制设备连接

（1）若采用线控快门拍摄，则应找到相应线控快门接口，正确安装并固定好线控快门。

（2）若采用智能终端线控程序进行拍摄，则此时应该通过数据线将相机和计算机连接并做好调试。

（3）若采用无线快门或智能终端（微型计算机、平板计算机、智能手机等）无线控制程序进行拍摄，则应按照需求构建好无线链路并做好调试。

5. 布光

（1）两侧布光。将两个摄影闪光灯放置在拍摄台左右两侧，两扇矩形光源以相对于载物台 45°的倾角布置于拍摄台两侧，矩形光源的中心点与标本的中心点连线应大致垂直于光源平面。

（2）单侧补光。将摄影灯放置在拍摄台左侧，距离翻拍架底座 1.5m 处，光线与翻拍台约呈 30°的倾角。在标本右下方用白卡纸做反射补光，提高暗部细节。

五、相机设置

采集古生物标本的二维影像时，相机设置要满足以下要求。

1. 相机基本设置

（1）设定机身和镜头均为手动对焦模式。

（2）设定相机曝光模式为手动（M 档）。

（3）设定相机以最大尺寸拍摄。

（4）设定相机以至少 16 位的 RAW 格式进行拍摄。

（5）设定相机测光模式为平均测光。

2. 相机白平衡校准

拿出白平衡卡（务必保证卡面无污渍污染），置于相机正下方的载物台上，保证照明光线与拍照时用得完全一致，调整悬臂高度，使白平衡卡充满相机的整个视野，按相机中自定义白平衡的说明进行操作。

3. 确定相机高度和标本摆放位置

（1）调整悬臂高度，使相机能将标本拍完整。

（2）在载物台上摆放好一份古生物标本，然后通过相机屏幕查看是否对焦准确，手动或自动调焦，以使得标本完全合焦。观察标本是否完全纳入影像拍摄范围内，若不能，则可调节悬臂至适当高度，再次自动或者手动合焦，以标本尽可能地占据影像拍摄区域为宜。对于过小的矿物标本，需要适当考虑后期照片叠加技术，以消除或者降低由于景深造成的古生物标本信息丢失的情况。

（3）在放标本的位置做好标记，以方便下次快速准确地放置标本。

4. 光圈设置

对于大多数拍摄对象，需预先将光圈调至固定值，以使得相机获得的前后景深范围不小于 100mm。在不低于此标准的前提下，应尽可能地选用镜头光学性能最佳的光圈值进行拍摄。对于少数过厚的标本，则需根据实际情况进一步增大光圈数以缩小光圈。

5. 曝光控制

（1）将相机 ISO 感光度设置为原始最小值。

（2）使用测光表进行测光，测出准确的快门速度。

（3）将相机的快门速度调至测光表测出的数值。

6. 确定对焦点

摆放好古生物标本，通过屏幕观察 100% 放大状态下的电子取景的图像，确定影像四角是否模糊，如模糊则手动调节镜头的调焦环，直至模糊消失。

六、标本整理

在进行标本影像采集之前，由摄影助理需要对所提标本实体进行逐份整理、清理、加固，使标本达到数字化采集的合格要求。合格标本的主要标准是有采集完整的记录签和鉴定签。采集记录至少包含采集人（队）、采集签、采集时间和采集地等基本信息；定名签或鉴定名称要求到种，至少到属（拉丁名）；对于未鉴定的标本应邀请相关专家来鉴定标本，及时对所缺标签进行增补。

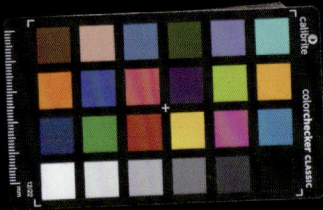

七、影像采集

1. 古无脊椎化石标本

用标准镜头采集古无脊椎化石标本的完整影像，如图 8-2 所示。

用微距镜头采集古无脊椎化石标本的特写，如图 8-3、图 8-4 所示。

图 8-2　古无脊椎化石标本的完整影像

图 8-3　古无脊椎化石标本的微距特写 1

图 8-4　古无脊椎化石标本的微距特写 2

2. 古植物化石标本

用标准镜头采集古植物化石标本的完整影像，如图 8-5 所示。

用微距镜头采集古植物化石标本的特写，如图 8-6 所示。

图 8-5 古植物化石标本的完整影像

图 8-6   古植物化石标本的微距特写

第九章

鸟类标本
二维影像
采集流程

一、鸟类标本简介

鸟类属于脊索动物门，鸟纲。鸟类的分类体系包括多个目、科、属和种。全球已知的鸟类大约有 9600 多种，分布在 170 个科中。鸟类的分布范围广泛，几乎存在于所有环境中，从热带雨林到温带森林，都有鸟类的踪迹。鸟类的分类学信息和分布情况反映了其多样性和复杂性，同时也揭示了它们对环境变化的高度敏感性。

自然类博物馆中鸟类标本一般分为姿态类标本、假剥制标本。

鸟的姿态类标本是指根据鸟类行为活动姿势，制作成具有一定造型和姿势的特殊标本。这类标本通常用于展示和教育，能够生动、形象地反映鸟类的自然状态。鸟的姿态类标本还可细分为皮毛类姿态标本以及骨骼类姿态标本。

鸟的假剥制标本是一种用于科研和教学的标本，其制作过程与鸟的姿态类标本相似，但不需还原鸟类的生活姿态。假剥制标本通常用于展示鸟类的特征，节省空间，并便于与其他相似标本进行比较，特别适合学术研究，如图9-1 所示。这种标本的制作方法包括剥皮、去肉、防腐处理等步骤，但不需要复杂的支架固定，因此制作过程相对简单，便于野外采集、途中运输及保管储藏。此外，假剥制标本在博物馆的后台也较为常见，数量通常会超过姿态类标本。

本章主要介绍姿态标本中的皮毛类姿态标本，以下简称鸟类标本。

图 9-1　鸟的假剥制标本示意

二、鸟类标本二维影像采集整体要求

鸟类标本二维影像采集整体要求如下。

（1）鸟类标本二维影像须附有标准色卡、刻度尺。

（2）拍摄时，色卡、刻度尺等不得遮挡原有采集信息、鉴定信息等标本原有标识。

（3）拍摄时应从多个角度（顶部、侧面）进行拍摄，以提供更全面的图像。

（4）确保背景颜色适当，以确保色彩的准确性。

（5）选择对比度高的背景，如纯色或渐变色背景纸，以突出鸟类的特征。白色背景适合色彩对比度高的鸟类，灰色背景适合浅色鸟类，而深色背景需谨慎使用。

（6）拍摄过程中要爱惜标本，轻拿轻放，对于较为沉重的鸟类标本，搬运时更需注意自身及标本安全。

三、场地选择

拍摄应尽量避免室外或室内其他光线的干扰，应避开窗户、门口等易受其他光线干扰的地方，如果不能避开窗户，需要将窗帘拉上。拍摄应保持光环境在不同时段都相对稳定，需专门搭建一个摄影棚，拍摄时关闭拍摄现场的其他光源，只利用摄影灯进行补光。

四、设备搭建

1. 相机的固定

安装好相机的内存卡、电池以及遮光罩后，通过相机机身底部螺口将相机固定在三脚架的快装板上，依靠三脚架上的水平仪判断相机是否保持水平，将相机调整至水平位置后，拧紧云台螺丝，将相机调整至水平位置后，拧紧云台螺丝并锁定云台。

2. 背景布景

在拍摄区域中设置背景，使用专业摄影背景布，确保背景平整、干净。

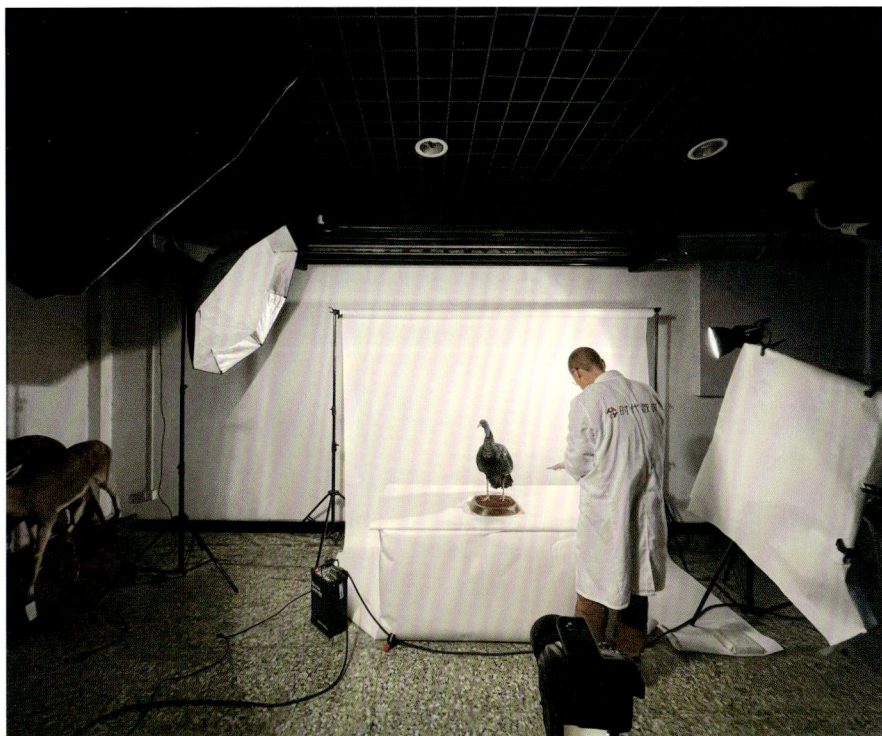

图 9-2　设备现场搭建

3. 布光

我们将采用单灯侧光的布光方式进行拍摄。采用单灯低角度侧直射光作为主光源，放在标本左前方，标本右侧用反光板进行反射补光，背景用两盏灯进行打白处理，如图 9-2 所示。

五、相机设置

采集鸟类标本的二维影像时，相机设置要满足以下要求。

1. 相机基本设置

（1）设定机身和镜头均为手动对焦模式。

（2）设定相机曝光模式为手动（M 档）。

（3）设定相机以最大尺寸拍摄。

（4）设定相机以至少 16 位的 RAW 格式进行拍摄。

（5）设定相机测光模式为平均测光。

2. 相机白平衡校准

拿出白平衡卡（务必保证卡面无污渍污染），置于相机正下方的载物台上，保证照明光线与拍照时用得完全一致，调整悬臂高度，使白平衡卡充满相机的整个视野，按相机中自定义白平衡的说明进行操作。

3. 确定相机高度和标本摆放位置

（1）调整悬臂高度，使相机能将标本拍完整。

（2）在载物台上摆放好一份鸟类标本，然后通过相机屏幕查看是否对焦准确，手动或自动调焦，以使得标本完全合焦。观察标本是否完全纳入影像拍摄范围内，若不能，则可调节悬臂至适当高度，再次自动或者手动合焦，以标本尽可能地占据影像拍摄区域为宜。对于过小的鸟类标本，需要适当考虑后期照片叠加技术，以消除或者降低由于景深造成的鸟类标本信息丢失的情况。

（3）在放标本的位置做好标记，以方便下次快速准确地放置标本。

4. 光圈设置

（1）拍摄鸟类标本，以确保整个鸟类标本都清晰可见，应该选择较小的光圈值。较小的光圈值将增加景深，使前后景物体都保持相对清晰。

（2）光圈值通常在 f/8 至 f/16 之间的可用于获得更大的景深，具体取决于所使用的镜头和所要拍摄的标本的大小。

5. 曝光控制

（1）将相机 ISO 感光度设置为原始最小值。

（2）使用测光表进行测光，测出准确的快门速度。

（3）将相机的快门速度调至测光表测出的数值。

6. 确定对焦点

摆放好鸟类标本，通过屏幕观察 100% 放大状态下的电子取景的图像，确定影像四角是否模糊，如模糊则手动调节镜头的调焦环，直至模糊消失。

六、标本整理

在进行标本影像采集之前，由摄影助理需要对所提标本实体进行逐份整理、清理、加固，使标本达到数字化采集的合格标本。合格标本的主要标准是有采集完整的记录签和鉴定签。采集记录至少包含采集人（队）、采集签、采集时间和采集地等基本信息；定名签或鉴定名称要求到种，至少到属（拉丁名）；对于未鉴定的标本应邀请相关类群专家来鉴定标本，及时对所缺标签进行增补。

对于需要进行羽毛整理、整体除尘，甚至需要进行局部修整的鸟类标本，需要通过库房管理员联系藏品制作及维护人员进行处理。若可以现场处理，尽量现场处理。若需要出库至工作间进行处理，应按照流程填写出库单、维修单，待标本修复后，继续进行二维影像采集工作。

七、鸟类标本影像采集

拍摄时，注意摆放标尺至鸟类标本合适位置，不能遮挡标本；放的时候尽量放正一点，如果标尺出现损坏、污渍、不平整的情况下应及时更换。

用标准镜头采集大型鸟类（体长大于 60cm）标本影像，每件鸟类标本需拍摄一张带标签和色卡的照片，如图 9-3 所示，然后再从前方（图 9-4）、左侧（图 9-5）、右侧（图 9-6）等多角度进行拍摄。

图 9-3
用标准镜头采集的带标签和色卡的大型鸟类照片

图 9-4
从前方拍摄大型鸟类
标本照片

图 9-5
从左侧角度拍摄的
大型鸟类标本照片

图 9-6
从右侧角度拍摄的
大型鸟类标本照片

　　用微距镜头采集中型鸟类（体长 30～60cm）、小型鸟类（体长小于 10cm）的标本影像，需给每件鸟类标本拍摄一张带标签和色卡的照片，如图 9-7 所示，然后再从前方（图 9-8）、左侧（图 9-9）、右侧（图 9-10）等多角度进行拍摄。

图 9-7

用微距镜头采集的带标签和
色卡的中小型鸟类的照片

图 9-8

从前方拍摄中小型鸟类
标本的照片

图 9-9
从左侧角度拍摄的
中小型鸟类标本的
照片

图 9-10
从右侧角度拍摄的
中小型鸟类标本的
照片

第十章

兽类标本
二维影像
采集流程

一、动物标本简介

　　动物标本是指通过物理或化学手段处理动物尸体或其部分，以供教学、科研和展览等用途的样本。这些标本可以是完整的动物体，也可以是动物的部分，如骨骼、皮毛等。动物标本在科学研究、科学普及中具有重要价值，它们可以用于物种鉴定、形态学研究、系统进化分析以及生物多样性和濒危物种保护等方面。在博物馆和展览中，动物标本也常用于展示动物的自然美态，增强观众对自然的兴趣，如图 10-1 所示。

　　动物标本的制作方法多种多样，包括剥制标本、浸制标本、塑化标本、骨骼标本、干制标本和玻片标本等。

1. 剥制标本

　　剥制标本可以分为真剥制标本（即姿态标本）和假剥制标本，真剥制标本还原动物的生活姿态，而假剥制标本仅展示动物的特征，适合科研和物种鉴别。

2. 浸制标本

　　浸制标本是指将动物浸泡在高浓度酒精或福尔马林溶液中，这种方法简单方便，适用于小个体动物标本的保存。浸制动物标本能长期保存，但长期浸泡可能导致标本脱水、表皮皱缩、橡胶化。

图 10-1　草原狒狒偷鸵鸟蛋示意图

图 10-2　动物骨骼标本示意图

3. 骨骼标本

　　骨骼标本是通过剥离动物尸体，利用高压锅炖煮或虫类啃食分离骨肉，再用液体脱脂处理，最后用胶水或铁丝、铜丝及铁件支撑、复原骨骼制作而成的。此法考验制作者对动物骨骼结构的熟悉，如图 10-2 所示。

4. 塑化标本

　　塑化标本是利用特定的聚合物或树脂置换动物体液制作而成的，以达到长期保存的目的。塑化标本不易变形，便于展示动物的肌肉组织、神经组织等内部结构，但成本较高，标本保存条件要尽量满足恒温恒湿，如图 10-3 所示。

图 10-3　动物塑化标本示意图

5. 干制标本

干制标本是指通过日晒、烘烤或腌制等手段脱水动物尸体制成的标本，常见于昆虫标本和小型动物标本，如图 10-4 所示。干制标本制作门槛较低，但体液丰富时，标本可能因脱水而脱相严重。

图 10-4　动物干制标本示意图

此外，还有一些其他技术，如透明标本、冷冻干燥标本等，这些技术也在特定领域中得到应用。本章节主要介绍动物标本中的姿态标本，以下简称为兽类标本。

二、兽类标本二维影像采集整体要求

兽类标本二维影像采集整体要求如下。

（1）兽类标本二维影像须附有标准色卡、刻度尺。

（2）拍摄时，色卡、刻度尺等不得遮挡原有采集信息、鉴定签等标本原有标识。

（3）拍摄时应从多个角度（顶部、侧面）进行拍摄，以提供更全面的视图。

（4）确保背景颜色适当，以确保标本色彩的准确性。选择对比度高的背景，如纯色或渐变色背景纸，以突出兽类的特征；白色背景适合对比度高的标本，灰色背景适合浅色标本，而深色背景需谨慎使用。

（5）拍摄过程中要爱惜标本，轻拿轻放，对于较为沉重的兽类标本，搬运时更需注意自身及标本安全。

三、场地选择

拍摄应尽量避免室外或室内其他光线的干扰，应避开窗户、门口等易形成光线干扰的地方，如果不能避开窗户，需要将窗帘拉上。拍摄应保持光环境在不同时段都相对稳定，需专门搭建一个摄影棚，拍摄时关闭拍摄现场的其他光源，只利用摄影灯进行补光。

部分兽类较为沉重或贵重，场地选择时，需考虑运输的便捷性及标本的安全性。

四、设备搭建

1. 相机的固定

安装好相机的内存卡、电池、遮光罩后，通过相机机身底部螺口将相机固定在三脚架的快装板上，依靠三脚架上的水平仪判断相机是否保持水平，将相机调整至水平位置后，拧紧云台螺丝，将相机调整至水平位置后，拧紧云台螺丝并锁定云台。

2. 背景布景

在拍摄区域中设置背景，使用专业摄影背景布，确保背景平整、干净。

3. 布光

我们将采用单灯侧光的布光方式进行拍摄。采用单灯低角度侧的直射光作为主光源，放在标本左前方，标本右侧用反光板进行反射补光，背景用两盏灯进行打白处理。

五、相机设置

采集兽类标本的二维影像时，相机设置要满足以下要求。

1. 相机基本设置

（1）设定机身和镜头均为手动对焦模式。

（2）设定相机曝光模式为手动（M 档）。

（3）设定相机以最大尺寸拍摄。

（4）设定相机以至少 16 位的 RAW 格式进行拍摄。

（5）设定相机测光模式为平均测光。

2. 相机白平衡校准

拿出白平衡卡（务必保证卡面无污渍污染），置于相机正下方的载物台上，保证照明光线与拍照时用得完全一致，调整悬臂高度，使白平衡卡充满相机的整个视野，按相机中自定义白平衡的说明进行操作。

3. 确定相机高度和标本摆放位置

（1）调整悬臂高度，使相机能将标本拍完整。

（2）在载物台上摆放好一份兽类标本，然后通过相机屏幕查看是否对焦准确，手动或自动调焦，以使得标本完全合焦。观察标本是否完全纳入影像拍摄范围内，若不能，则可调节悬臂至适当高度，再次自动或者手动合焦，以标本尽可能地占据影像拍摄区域为宜。对于过小的矿物标本，需要适当考虑后期照片叠加技术，以消除或者降低由于景深造成的矿物标本信息丢失的情况。

（3）在放标本的位置做好标记，以方便下次快速准确地放置标本。

4. 光圈设置

以确保整个兽类标本都清晰可见，应该选择较小的光圈值。较小的光圈值能增加景深，使前后景物体都保持相对清晰。光圈值通常在 f/8 至 f/16 之间的可获得更大的景深，具体值取决于所用镜头和所要拍摄的标本的大小。

5. 曝光控制

（1）将相机 ISO 感光度设置为原始最小值。

（2）使用测光表进行测光，测出准确的快门速度。

（3）将相机的快门速度调至测光表测出的数值。

6. 确定对焦点

摆放好兽类标本，通过屏幕观察 100% 放大状态下的电子取景的图像，确定影像四角是否模糊，如模糊则手动调节镜头的调焦环，直至模糊消失。

六、标本整理

在进行标本影像采集之前，由摄影助理需要对所提标本实体进行逐份整理、清理、加固（图 10-5），目的是使标本达到数字化采集的合格标本。合格标本的主要标准是有采集完整的记录签和鉴定签。采集记录至少包含采集人（队）、采集签、采集时间和采集地等基本信息；定名签或鉴定名称要求到种，至少到属（拉丁名）；对于未鉴定的标本应邀请相关类群专家来鉴定标本，及时对所缺标签进行增补。

对于需要进行标本整理、整体除尘，甚至需要进行局部修整的兽类标本，需要通过库房管理员联系藏品制作及维护人员进行处理。若可以现场处理，尽量现场处理。若需要出库至工作间进行处理，要按照流程填写出库单、维修单。待兽类标本修复后，继续进行二维影像采集工作。

图 10-5   兽类标本整理示意图

七、兽类标本影像采集

拍摄时，注意摆放标尺至兽类标本的合适位置，不能遮挡标本及上面的其他东西；放的时候尽量放正一点，如标尺出现损坏、污渍、不平整的情况，应及时更换。

用标准镜头采集大型兽类（体长大于 60cm）标本影像，每件兽类标本需拍摄一张带标签和色卡的照片，如图 10-6 所示，然后再从前方（图 10-7）、左侧（图 10-8）、右侧（图 10-9）、后方（图 10-10）等多角度进行拍摄。

图 10-6

用标准镜头采集的带标签
和色卡的兽类照片

图 10-7

用标准镜头采集的兽类
照片正视图

图 10-8

用标准镜头采集的
兽类照片左视图

图 10-9
用标准镜头采集的兽类
照片右视图

图 10-10
用标准镜头采集的兽类
照片后视图

第十一章

无脊椎标本
二维影像
采集流程

一、无脊椎标本简介

无脊椎动物的定义是相对于脊椎动物而言的，因为脊椎动物具有脊柱或脊髓。然而，这一定义在分类学上并不精确，因为一些被认为是无脊椎动物的生物，如头索动物和尾索动物，实际上与脊椎动物有更近的关系。

无脊椎动物实际上包括了除脊椎动物亚门以外所有的动物门类，是动物学中的一个一般名称，而不是正式的分类阶元，其种类数占动物总种类数的95%。英国新闻广播机构（BBC）主持人大卫·阿登堡爵士说："如果一夜之间所有的脊椎动物从地球上消失了，世界仍会安然无恙，但如果消失的是无脊椎动物，整个陆地生态系统就会崩溃。"

无脊椎动物可以分为多个门类，包括软体动物、腔肠动物、原生动物、节肢动物等。这些动物种类繁多，从微小的轮虫到巨大的章鱼，相当丰富。

二、无脊椎标本二维影像采集的整体要求

无脊椎标本二维影像采集整体要求如下。

（1）无脊椎标本二维影像需附有标准色卡、刻度尺。

（2）无脊椎标本二维影像中需体现出藏品条形码。

（3）拍摄时，色卡、刻度尺等不得遮挡原有采集信息、鉴定信息等标本原有标识。

（4）如无必要，无脊椎标本二维影像中不得出现与标本无关的内容，如镜头盖、笔等。

（5）对于浸制类的无脊椎标本，要注意瓶体的反光。

（6）拍摄过程中要爱惜标本，轻拿轻放。

三、场地选择

拍摄应尽量避免室外或室内其他光线的干扰，应避开窗户、门口等易形成光线干扰的地方。如果不能避开窗户，需要将窗帘拉上。拍摄应保持光环境在不同时段都相对稳定，需专门搭建一个摄影棚，拍摄时关闭拍摄现场的其他光源，只利用摄影灯进行补光。

四、设备搭建

1. 相机固定

对于较大型无脊椎动物标本，拍摄流程及技术需求与拍摄中小型鸟兽类标本类似。小微型无脊椎动物标本拍摄请参考第十二章。本章主要讲述小型无脊椎动物标本的拍摄。先将电动显微摄影导轨固定在翻拍架支架上，然后安装好相机的内存卡、电池、遮光罩后，通过相机机身底部螺口将相机固定在电动显微摄影导轨上，依靠热靴水平仪判断相机是否保持水平。将相机调整至水平位置后，拧紧云台螺丝并锁定。

2. 布光

使用闪光灯作为主要光源给无脊椎标本进行补光，为了让光均匀地打在标本上，需要用到三盏灯；需要使用柔光罩，柔和的光线可减少阴影和高光之间的对比度，以确保暗部和高光细节同时存在。

3. 获取合适的光线

使用白纸或者硫酸纸遮挡（白色且能透光）获得柔光，光源要离阻挡物（柔光罩）远一点，这样光线会透过纸张和白布被散射出来。可以将柔光罩固定在镜头上，也可以固定在标本上，或者卡在灯上，或者同时使用两种方法。

（1）柔光材料在生活中很常见，如乳白色的酸奶瓶、乒乓球、普通 A4 纸、硫酸纸、白色 T 恤、一次性纸杯等。

（2）经过层层柔光，光的强度会有所减弱，可以通过增加灯的亮度或改变灯的距离来获得正确的曝光。

（3）如果光不够柔，可以增加柔光罩的数量，或者拉开灯与标本的距离。

五、相机设置

采集无脊椎动物标本的二维影像时，相机设置要满足以下要求。

1. 相机基本设置

（1）设定机身和镜头均为手动对焦模式。

（2）设定相机曝光模式为手动（M 档）。

（3）设定相机以最大尺寸拍摄。

（4）设定相机以至少 16 位的 RAW 格式进行拍摄。

（5）设定相机测光模式为平均测光。

2. 相机白平衡校准

拿出白平衡卡（务必保证卡面无污渍污染），置于相机正下方的载物台上，保证照明光线与拍照时用得完全一致，调整悬臂高度，使白平衡卡充满相机的整个视野，按相机中自定义白平衡的说明进行操作。

3. 确定相机高度和标本摆放位置

（1）调整悬臂高度，使相机能将标本拍完整。

（2）在载物台上摆放好一份无脊椎标本，然后通过相机屏幕查看是否对焦准确，手动或自动调焦，以使得标本完全合焦。观察标本是否完全纳入影像拍摄范围之内，若不能，则可调节悬臂至适当高度，再次自动或手动合焦，以标本尽可能地占据影像拍摄区域为宜。

（3）在放标本的位置做好标记，以方便下次快速准确地放置标本。

4. 光圈设置

对于大多数拍摄对象，需预先将光圈调至固定值，以使得相机获得的前后景深范围不小于100mm。在不低于此标准的前提下，应尽可能地选用镜头光学性能最佳的光圈值进行拍摄。对于少数过厚度的标本，则需根据实际情况进一步增大光圈数以缩小光圈。

5. 曝光控制

（1）将相机 ISO 感光度设置为原始最小值。

（2）使用测光表进行测光，测出准确的快门速度。

（3）将相机的快门速度调至测光表测出的数值。

6. 确定对焦点

摆放好无脊椎标本，通过屏幕观察 100% 放大状态下的电子取景的图像，确定影像四角是否模糊，如模糊则手动调节镜头的调焦环，直至模糊消失。

六、标本整理

在进行标本影像采集之前，由摄影助理需要对所提标本实体进行逐份整理、清理、加固，目的是使标本达到数字化采集的合格标本。合格标本的主要标准是有采集完整的记录签和鉴定签。采集记录至少包含采集人（队）、采集签、采集时间和采集地等基本信息；定名签或鉴定名称要求到种，至少到属（拉丁名）；对于未鉴定的标本应邀请相关类群专家来鉴定标本，及时对所缺标签进行增补。

对于需要进行整理、除尘，甚至需要进行局部修整的无脊椎标本，需要通过库房管理员联系藏品制作及维护人员进行处理。若可以现场处理，尽量现场处理。若需要出库至工作间进行处理，按照流程填写出库单、维修单。待标本修复后，继续进行二维影像采集工作。

七、无脊椎动物标本影像采集

拍摄时，注意摆放标尺至标本合适位置，不能遮挡标本及上面的其他东西；尽量放正一点，如果标尺出现损坏、污渍、不平整的情况，应及时更换。

1. 贝壳类影像采集

使用微距拍摄设备对同一件无脊椎动物标本构图聚焦，然后沿纵向从前至后或由上往下连续拍摄若干张不同聚焦点的照片，此时要注意观察画面，尽量找到景深变化过程中出现的关键帧。掌握这一点对后期的图像合成效果有很大的帮助。每一件无脊椎动物标本应该根据其鉴别特征，从多角度进行拍摄（图11-1～图11-4）。

图 11-1
不同角度无脊椎
标本照片 1

1cm

图 11-2
不同角度无脊椎
标本照片 2

1cm

图 11-3
不同角度无脊椎
标本照片 3

1cm

图 11-4
不同角度无脊椎
标本照片 4

1cm

2. 昆虫类影像采集

　　每一件无脊椎动物标本应该根据其鉴别特征，从多角度进行拍摄。如蝴蝶类标本，由于正反面特征区别较大，需要从正面（图 11-5）、反面（图 11-6）分别拍摄。

图 11-5　蝴蝶标本正面照片

图 11-6　蝴蝶标本反面照片

12

第十二章

鱼类标本
二维影像
采集流程

一、鱼类标本简介

从淡水的湖泊、河流到咸水的大海、大洋，鱼类几乎栖居于地球上所有的水生环境。鱼类分为两个总纲：无颌总纲及有颌总纲。全球现生种鱼类有 2.2 万余种，占已命名脊椎动物的大半，且新种鱼类不断被发现。据调查，我国淡水鱼有 1000 多种，著名的"四大家鱼"（青鱼、草鱼、鲢鱼、鳙鱼）和鲤鱼、鲫鱼等都是我国主要的优良淡水鱼品种；已知我国海洋鱼约 2000 种，常见的有带鱼、大黄鱼、巨石斑鱼等。

鱼类标本是研究鱼类历史、进化和分类的重要工具，包括浸制标本、剥制标本、干制标本和透明标本等。本章主要介绍的是剥制标本，其余类型标本类似兽类标本。世界各地的博物馆和研究所收藏了大量鱼类标本。例如，中国科学院水生生物博物馆收藏了约 40 万件淡水鱼类标本，包括长江白鲟等珍稀物种。澳大利亚博物馆则拥有 20 多万种鱼类标本。

二、鱼类标本二维影像采集整体要求

鱼类标本二维影像采集整体要求如下。

（1）鱼类标本二维影像需附有标准色卡、刻度尺。

（2）鱼类标本二维影像中需体现出藏品条形码。

（3）拍摄时，色卡、刻度尺等不得遮挡原有采集信息、鉴定信息等标本原有标识。

（4）如无必要，鱼类标本二维影像中不得出现与标本无关的内容，如镜头盖、笔等。

（5）对于浸制类的鱼类标本，要注意瓶体的反光。

（6）拍摄过程中要爱惜标本，轻拿轻放。

三、场地选择

拍摄应尽量避免室外或室内其他光线的干扰，应避开窗户、门口等易形成光线干扰的地方，如果不能避开窗户，需要将窗帘拉上。拍摄应保持光环境在不同时段都相对稳定，需专门搭建一个摄影棚，拍摄时关闭拍摄现场的其他光源，只利用摄影灯进行补光。

四、设备搭建

1. 相机的固定

安装好相机的内存卡、电池、遮光罩后，通过相机机身底部螺口将相机固定在三脚架的快装板上，依靠三脚架上的水平仪判断相机是否保持水平，将相机调整至水平位置后，拧紧云台螺丝并锁定云台。

2. 背景布景

在拍摄区域中设置背景，使用专业摄影背景布，确保背景平整、干净。

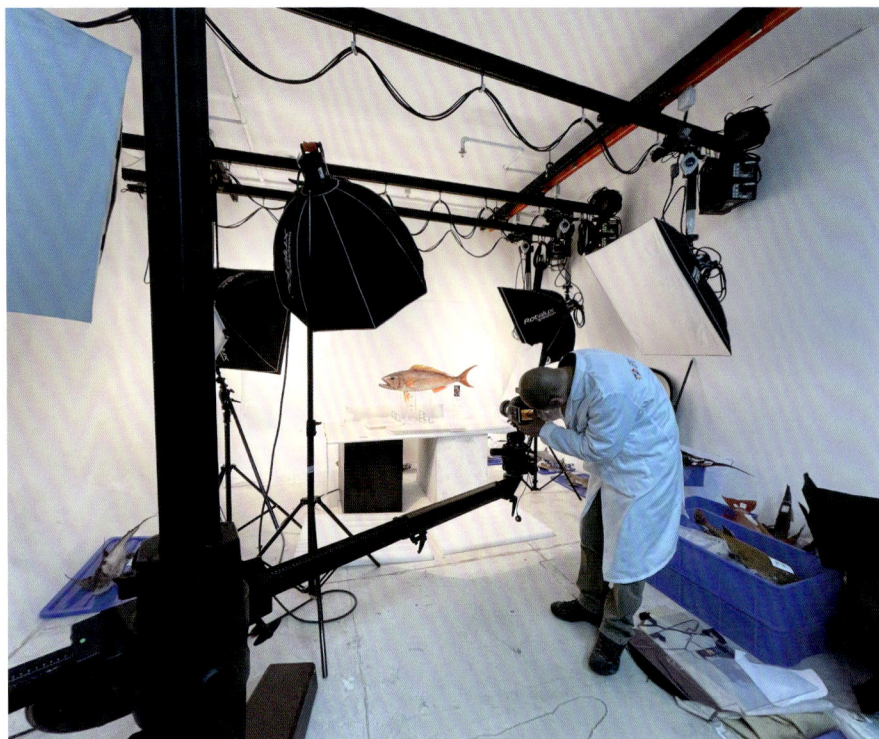

图 12-1　鱼类标本数据采集设备现场搭建

3. 布光

　　采用单灯侧光的布光方式拍摄鱼类标本。采用单灯低角度侧直射光作为主光源，放在标本左前方，标本右侧用反光板进行反射补光，背景用两盏灯进行打白处理，如图 12-1 所示。

五、相机设置

　　采集鱼类标本的二维影像时，相机设置要满足以下要求。

1. 相机基本设置

（1）设定机身和镜头均为手动对焦模式。

（2）设定相机曝光模式为手动（M 档）。

（3）设定相机以最大尺寸拍摄。

（4）设定相机以至少 16 位的 RAW 格式进行拍摄。

（5）设定相机测光模式为平均测光。

2. 相机白平衡校准

拿出白平衡卡（务必保证卡面无污渍污染），置于相机正下方的载物台上，保证照明光线与拍照时用得完全一致，调整悬臂高度，使白平衡卡充满相机整个视野，按相机中自定义白平衡的说明进行操作。

3. 确定相机高度和标本摆放位置

（1）调整悬臂高度，使相机能将标本拍完整。

（2）在载物台上摆放好一份鱼类标本，然后通过相机屏幕查看是否对焦准确，手动或自动调焦，以使得标本完全合焦。观察标本是否完全纳入影像拍摄范围内，若不能，则可调节悬臂至适当高度，再次自动或手动合焦；以标本尽可能地占据影像拍摄区域为宜。对于过小的鱼类标本，需要适当考虑后期照片叠加技术，以消除或者降低由于景深造成的矿物标本信息丢失的情况。

（3）在放标本的位置做好标记，以方便下次快速准确地放置标本。

4. 光圈设置

对于大多数拍摄对象，需预先将光圈调至固定值，以使得相机获得的前后景深范围不小于 100mm。在不低于此标准的前提下，应尽可能地选用镜头光学性能最佳的光圈值进行拍摄。对于少数过厚的标本，则需根据实际情况进一步增大光圈数以缩小光圈。

5. 曝光控制

（1）将相机 ISO 感光度设置为原始最小值。

（2）使用测光表进行测光，测出准确的快门速度。

（3）将相机的快门速度调至测光表测出的数值。

6. 确定对焦点

摆放好鱼类标本，通过屏幕观察 100% 放大状态下的电子取景的图像，确定影像四角是否模糊，如模糊则手动调节镜头的调焦环，直至模糊消失。

六、标本整理

在进行标本影像采集之前，由摄影助理需要对所提标本实体进行逐份整理、清理、加固，目的是使标本达到数字化采集的合格标本。合格标本的主要标准是有采集完整的记录签和鉴定签。采集记录至少包含采集人（队）、采集签、采集时间和采集地等基本信息；定名签或鉴定名称要求到种，至少到属（拉丁名）；对于未鉴定的标本应邀请相关类群专家来鉴定标本，及时对所缺标签进行增补。

七、影像采集

拍摄时，注意摆放标尺至鱼类标本的合适位置，不能遮挡标本及上面的其

图 12-2 用标准镜头采集的鱼类标本照片

图 12-3
用微距镜头采集的鱼类标本头部
特写照片

他东西；尽量放正一点，如果标尺出现损坏、污渍、不平整的情况，应及时更换。

用标准镜头采集鱼类标本的完整影像，如图 12-2 所示。用微距镜头采集鱼类标本局部特写至少三处，如鱼类标本头部（图 12-3）、胸鳍（图 12-4）、背鳍（图 12-5）、臀鳍（12-6）、尾鳍（12-7）。

图 12-4
用微距镜头采集的鱼类
标本胸鳍特写照片

图 12-5
用微距镜头采集的鱼类
标本背鳍特写照片

图 12-6
用微距镜头采集的鱼类
标本臀鳍特写照片

图 12-7
用微距镜头采集的鱼类
标本尾鳍特写照片

第十三章

昆虫标本
超微距
拍摄

一、超微距拍摄简述

超微距拍摄是摄影技术的一种，通过在高放大倍率下捕捉非常小的物体，如微小型昆虫、花朵细节等，能够揭示微观世界的美丽与神奇。这种技术通常用于拍摄细节等，其放大倍数可以达到 2∶1 或更高。

自然博物馆藏品中，有很多微小型的昆虫标本藏品，其中有很多标本的名字是大家熟知的，如蚂蚁中的子弹蚁。它们在数字藏品管理中的照片很多都是用光学显微镜或普通微距镜头来拍摄的。在超微距摄影中，景深（DOF）是一个重要的考虑因素，因为高放大倍率通常会导致非常浅的景深，使得照片只有部分是清晰的。虽然在管理藏品方面基本没问题，但是降低了展览、科普、出版等应用场景的使用效果。

实现超微距拍摄的方法多种多样，包括使用超微距镜头、在普通微距镜头上安装调焦器或近摄滤镜、反向拍摄（将广角镜头置于长焦镜头前）、使用延长管等。每种方法都有其优缺点，例如成本、光线控制和稳定性等。

本文使用了较为实用的超微距拍摄，并且在实践中得到了很好的验证。

二、设备选择

1. 数码相机机身

如图 13-1 所示，使用高像素数码相机机身，数码相机可优于但不应低于

图 13-1　数码相机（哈苏 H6D）

图 13-2
微距镜头
（老蛙 100mm）

下列要求。

（1）有效像素≥10000 万。

（2）传感器尺寸≥43mm × 32mm。

（3）色彩深度 16BIT。

（4）动态范围 15 级。

2. 镜头

使用放大倍率 2 倍以上的微距定焦镜头，如图 13-2 所示，镜头可优于但不应低于下列要求。

（1）镜头的分辨率必须不低于相机机身的解像力。

（2）必须支持全手动调焦。

（3）不应出现歪斜或扇形畸变，无肉眼可感知到的桶形或枕形畸变。

3. 翻拍架

应配备稳定性较高的翻拍架，如图 13-3 所示，翻拍架可优于但不应低于下列要求。

（1）翻拍架伸缩臂的最大高度必须满足所选用的镜头和相机能够一次性获取标本的整体影像，也即伸缩臂的最大高度必须高于物像距。

（2）翻拍架伸缩臂的最大承重必须大于安装在其上的拍摄设备的总重。

（3）翻拍架必须满足：在充足光照的前提下，所选用相机以原始最低感光度、最大影像尺寸、1/15s 的快门速度、正常拍摄模式下（无反光板预升）拍摄的影像在 100% 放大状态下无肉眼可以辨识的震动模糊。

图 13-3 翻拍架

4. 灯光

灯光设备如图 13-4 所示，所用灯光应能有效记录被拍摄标本的造型、色彩和材质；至少配备主光源及辅助光源。主光源是整个场景的

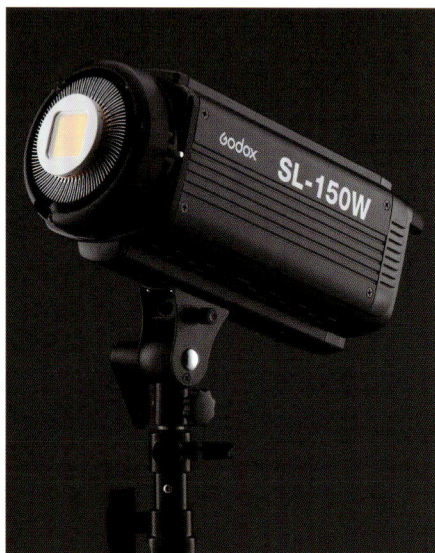

图 13-4 摄影灯示意

主要光线，决定了照片的整体亮度和明暗分布。主光源通常使用大功率的连续光源（如补光灯、柔光箱等），确保照片清晰明亮。辅助光源用于补充主光源的不足，防止阴影过重，使画面更加柔和。辅助光源多为柔光，照射方向通常在相机轴心附近，以保持与主光源的角度一致。

灯具可优于但不应低于下列要求。

（1）输出功率：800J。

（2）回电时间：0.07~1.9s。

（3）连续频闪最高50闪次。

（4）功率稳定，色温准确，显色指数在95%以上。

（5）数量和型号应能满足拍摄平面藏品、立体藏品的基本布光需要。

（6）导轨或灯架应牢固、稳定。

5. 电动显微摄影导轨

电动显微摄影导轨是一种用于显微摄影的设备，其主要功能是通过电动控制实现相机的平滑移动和精确对焦，从而提高拍摄的景深和效率。这种导轨通常采用步进电机和滚珠丝杆滑轨来实现高精度的移动控制，使摄影师能够在不触碰相机或被摄物体的情况下，从不同距离拍摄同一主题，从而获得多张图像，如图13-5所示。

6. 白平衡卡

白平衡卡是一种用于摄影和摄像中校准相机白平衡的工具，其主要目的是确保能够准确还原在不同光照条件下拍摄出的图像或视频中的色彩。白平衡卡通常具有已知的中性灰色标准，例如18%反射率的灰色，使相机能够准确地校准环境光的色温，从而避免偏色现象，如图13-6所示。

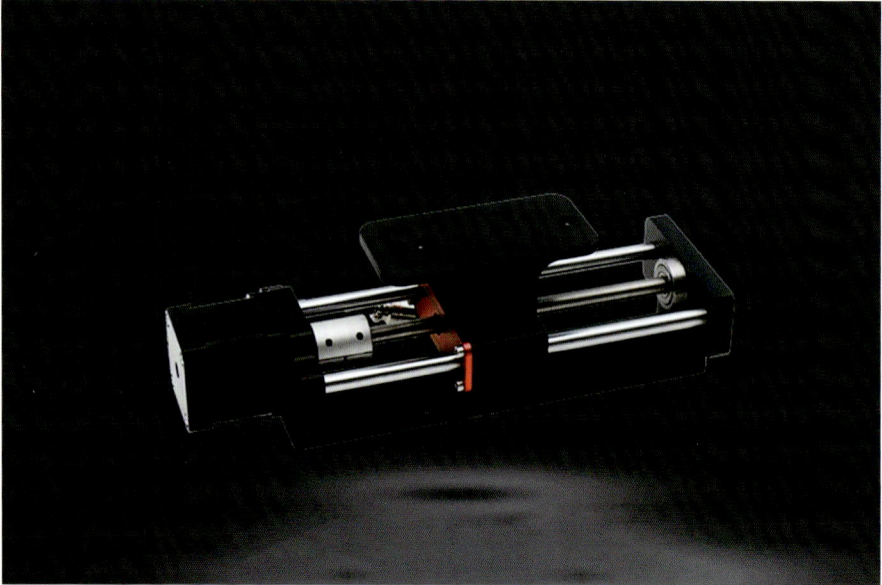

图 13-5　电动显微摄影导轨

图 13-6　白平衡卡

使用白平衡卡时，摄影师将其放置在拍摄场景中，并通过相机拍摄一张包含白平衡卡的照片。然后，根据这张照片中的白平衡卡颜色设置相机的自定义白平衡，以确保其他照片或视频的色彩与之保持一致。这种方法尤其适用于复杂光源或混合照明条件下的拍摄，能够显著提高色彩的准确性和一致性。

7. 热靴水平仪

水平仪用于校准相机或者翻拍台底座位置，以使其保持水平，应选用可以同时校准纵向和横向水平位置的水平仪。热靴水平仪（图13-7）可装在相机热靴位置，直接用来校准相机水平。

图 13-7　热靴水平仪

8. 相机线控或无线控制设备

相机线控或无线控制设备是指在外围控制相机快门或拍摄参数设定的设备，包括线控快门、无线快门、智能终端（如微型计算机、平板计算机、智能手机等）。

9. 柔光罩

柔光罩用来控制灯光，避免直接光影响昆虫或产生过于强硬的阴影。

10. 光学隔震平台

光学隔震平台用于减少外界振动对昆虫标本拍摄的影响，它通过高度精密的隔离系统来减少环境振动对标本和相机的影响。

11. XY 轴手动微调平台

XY 轴手动微调平台是一种用于精密定位和微调的设备，广泛应用于光学、机械加工、工业自动化等领域。这类平台通常采用高精度的导轨和滚珠丝杠设计，以确保其在移动过程中具有高精度和稳定性。在超微距二维影像采集中使用的微调平台如图 13-8 所示，用于调整移动昆虫标本的精细构图。

12. 图形工作站

图形工作站如图 13-9 所示，用于藏品拍摄影像的后期处理，不能低于如下配置：

集成显卡，内存至少 32G，显示器分辨率 4480×2520。

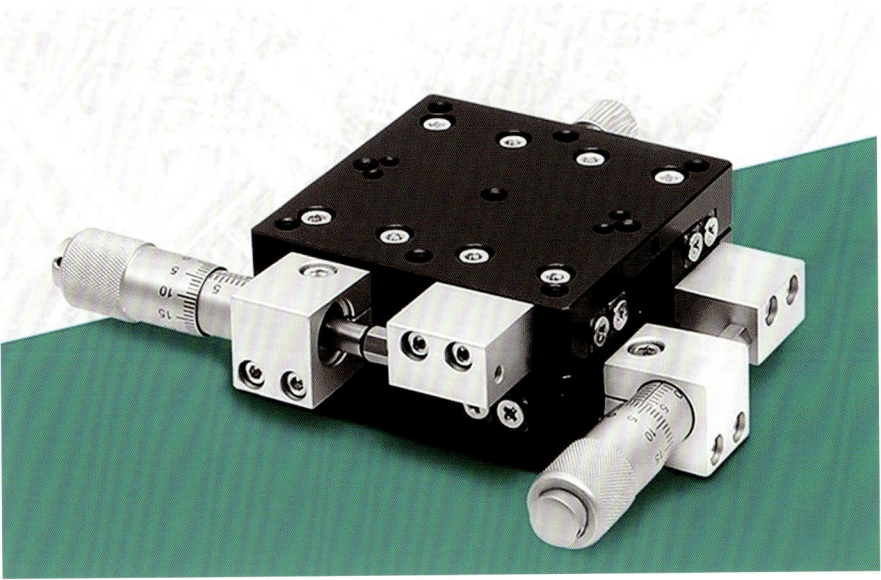

图 13-8　XY 轴手动微调平台

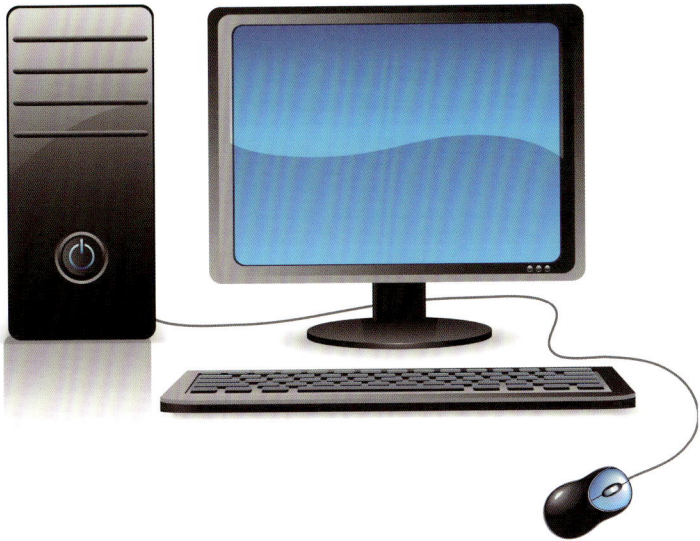

图 13-9　图形工作站

图 13-10　NAS 临时存储设备

13. 临时存储周转设备

如图 13-10 所示，临时存储周转设备用于存储过程中产生的拍摄影像数据，后期按照要求存入相应的存储服务器等设备中，推荐使用 NAS 设备作为周转存储设备，配置如下。

PU（处理器）：AMD 锐龙八核以上。

内存：16GB 以上。

转速：7200r/min。

最高传输速度：180～240MB/s。

三、场地选择

拍摄应尽量避免室外或室内其他光线的干扰，应避开窗户、门口等易形成光线、风向干扰的地方，如果不能避开窗户，需要将窗帘拉上。

拍摄应保持光环境在不同时段都相对稳定，需专门搭建一个摄影棚，拍摄时关闭拍摄现场的其他光源，只利用摄影灯进行补光。

四、设备搭建

1. 相机的固定

先将电动显微摄影导轨固定在翻拍架支架上，然后安装好相机的内存卡、电池、遮光罩，通过相机机身底部的螺口将相机固定在电动显微摄影导轨上，依靠热靴水平仪判断相机是否保持水平，将相机调整至水平位置后，拧紧云台螺丝并锁定。

2. 标本平台固定

将 XY 轴手动微调平台固定到光学隔震平台上。

3. 布光

如图 13-11 所示，使用闪光灯作为主要光源给昆虫标本进行补光，为了让光均匀地打在标本上，需要用到三盏灯；在超微距摄影中，首要初衷就是还原标本本身的细节色彩，需使用柔光罩，其柔和的光线能减少阴影和高光之间的对比度，来确保暗部和高光细节同时存在。

（1）使用白纸或者硫酸纸遮挡（白色且能透光）获得柔光，光源要离阻挡物（柔光罩）远一点，这样光线会透过纸张还有白色的布散射出来。可以将柔光罩固定在镜头上，也可以固定在标本上，或者卡在灯上，或者两种方法搭配使用。

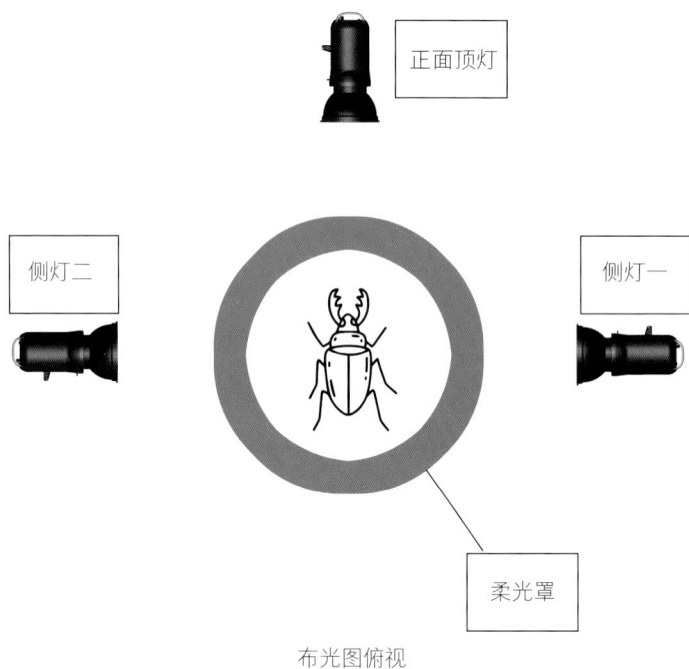

布光图俯视

图 13-11   布光示意图

（2）柔光材料在我们生活中很多，例如乳白色的酸奶瓶、药瓶、乒乓球、普通 A4 纸、硫酸纸、白色 T 恤、一次性纸杯。

（3）经过层层柔光，光的强度会减弱，可以通过增加灯的亮度或改变灯的距离来获得正确的曝光。

（4）如果光不够柔，可以增加柔光罩的数量，或者拉开灯与标本的距离。

五、相机设置

采集昆虫标本的二维影像时，相机设置要满足以下要求。

1. 相机基本设置

（1）设定机身和镜头均为手动对焦模式。

（2）设定相机曝光模式为手动（M 档）。

（3）设定相机以最大尺寸拍摄。

（4）设定相机以至少 16 位的 RAW 格式进行拍摄。

（5）设定相机测光模式为平均测光。

2. 相机白平衡校准

拿出白平衡卡（务必保证卡面无污渍污染），置于相机正下方的载物台上，保证照明光线与拍照时用得完全一致，调整悬臂高度，使白平衡卡充满相机的整个视野，并按相机中自定义白平衡的说明进行操作。

3. 确定相机高度和标本摆放位置

（1）调整悬臂高度，使相机能将标本拍完整。

（2）在载物台上摆放好一份昆虫标本，然后通过相机屏幕查看是否对焦准确，手动或自动调焦，使标本完全合焦，之后观察标本是否完全纳入影像拍摄范围之内，若不能，则调节悬臂至适当高度，再次自动或手动合焦，以标本尽可能地占据影像拍摄区域为宜。对于过小的昆虫标本，需要适当考虑后期照片叠加技术，来消除或者降低由于景深造成的昆虫标本信息丢失的情况。

在放标本的位置做好标记，以便下次快速准确地放置标本。

4. 光圈设置

对于大多数拍摄对象，需预先将光圈调至固定值，使相机获得的前后景深范围不小于 100mm。在不低于此标准的前提下，应尽可能地选用镜头光学性能最佳的光圈值进行拍摄。

对于少数过厚的标本，则需根据实际情况进一步增大光圈数以缩小光圈。

5. 曝光控制

（1）将相机 ISO 感光度设置为原始最小值。

（2）使用测光表进行测光，测出准确的快门速度。

（3）将相机的快门速度调至测光表测出的数值。

6. 确定对焦点

摆放好标本，通过屏幕观察 100% 放大状态下的电子取景的图像，确定影像四角是否模糊，并通过手动调节镜头的调焦环，直至模糊消失。

六、标本整理

在进行昆虫标本超微距影像采集之前，需要对昆虫标本进行清洁清理，确保昆虫标本干净，并清除任何不必要的尘埃或污渍。

七、影像采集

通常，更高像素的照片是通过矩阵拼接来实现的。但超微距摄影拍摄的图像不是一个平面，而是"立体"的平面，普通摄影只需要分区拍摄一个平面即可，而显微摄影还要在分区拍摄的基础上堆叠景深，如图 13-12 所示。

1. 分区拍摄

在超微距拍摄中，被拍摄对象的细节非常丰富且复杂，直接对整个场景进

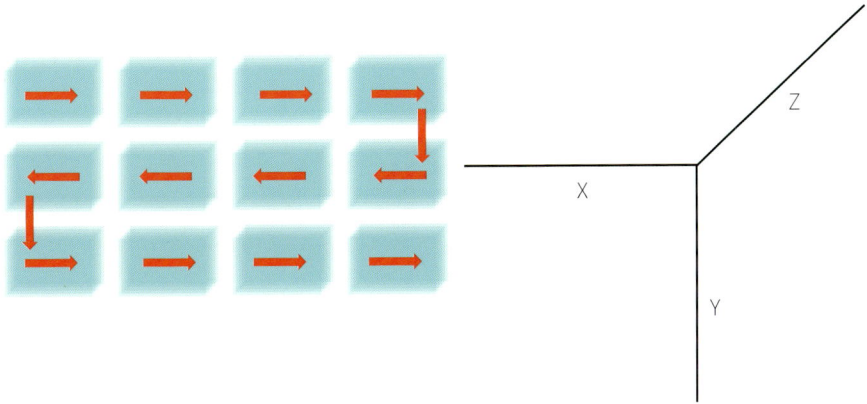

图 13-12　拍摄示意图

行处理可能会导致计算量过大，或者无法精确捕捉到每一个细节。因此，采用分区拍摄的方法可以将整个场景划分为多个小区域，每个区域分别进行处理。这种方法不仅可以提高处理效率，还能确保每个区域的细节都能得到充分的捕捉和优化。采集昆虫标本的二维影像会根据标本的大小和镜头的倍率将标本拆分成多个合适区域进行拍摄，如图 13-13 所示。

图 13-13 是超微距拍摄中理想状态下的分区。实际拍摄会比较复杂，如昆虫标本不同器官焦平面相差较大，恰当的分区和分区部分重叠不仅有利于后期合成，而且能提高拍摄效率和灵活性，分区重叠如图 13-14 所示。

在进行分区重叠拍摄时，应按昆虫器官部位分区拍摄，每个器官交接处应尽量多拍一些重叠部分。

2. 计算滑轨运动步长

超微距拍摄滑轨的运动步长通常是指滑轨在每次移动时的最小距离或增

图 13-13　分区拍摄示意图

图 13-14　分区重叠拍摄示意图

量。恰当的运动步长设置，有利于照片合成的效率及后期存储管理的方便性，设置界面及参数如图 13-15 所示。

对图 13-15 中的专业术语解释如下。

（1）传感器宽度。这里的传感器宽度指的是相机传感器尺寸。相机传感器尺寸是决定图像质量的重要因素之一。不同尺寸的传感器适用于不同的摄影类型和需求。一般全画幅传感器的尺寸为 36mm × 24mm，常用于专业摄影和电影制作；APS-C 传感器通常被称为裁剪传感器，其尺寸因品牌而异，但常见的尺寸为 23.6mm × 15.6mm（尼康、索尼等）或 22.3mm × 14.9mm（佳能），适合全方位摄影师使用；M4/3 传感器的尺寸为 17.3mm × 13.0mm，由松下和奥林巴斯开发，这种传感器具有接近 4∶3 的长宽比，适用于野生动物摄影和风景摄影；中画幅传感器的尺寸较大，通常为 48mm × 36mm，适用于摄影棚

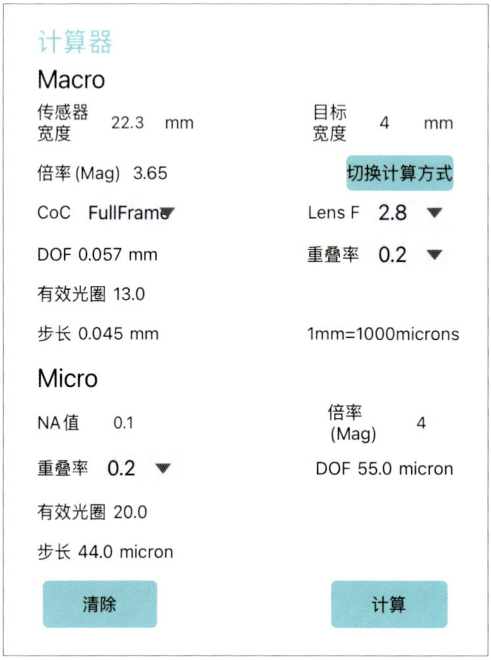

图 13-15　步长计算示意图

和高分辨率需求的专业摄影；小型传感器，例如 1/2.3 英寸、1/1.7 英寸等，这些传感器通常用于卡片机和智能手机，尺寸较小，适合便携性和成本控制。

（2）目标宽度。在微距摄影中，目标宽度的测量和计算是一个关键因素。在微距摄影中，目标宽度可以通过相机焦距、拍摄距离和相机靶面宽度之间的关系来计算。例如，使用公式"镜头焦距 = 拍摄距离 ÷ 目标宽度 × 相机靶面宽度"，可以计算出合适的镜头焦距。实际操作中，可以用微距镜头拍摄一把横着的尺，拍摄的照片上有多少毫米宽度就将数字输入此栏，计算器会计算对应的倍率和所需要的步长。例如拍摄的整张照片上宽度显示尺子为 9mm，全幅的照相机，则此时镜头倍率为 36/9=4 倍。

（3）CoC 为弥散圆。在微距拍摄中，CoC（Circle of Confusion，即圆形混淆圈）是一个关键概念，它影响着图像的清晰度和景深。CoC 是指当物体不在相机的焦平面上时，光线在成像平面上形成的模糊圆圈。这个圆圈的大小取决于多个因素，包括光圈大小、焦距、传感器尺寸以及观看条件等。

微距摄影的拍摄距离非常近，对焦平面的微小偏离就会导致较大的 CoC，这会显著影响图像的清晰度。为了获得更清晰的图像，通常需要使用较小的光圈来增加景深，从而减少 CoC 值。此外，选择合适的焦距和传感器尺寸也会影响 CoC 的大小，较大的传感器通常能支持较小的 CoC，从而提高图像质量。建议软件中使用的"APS-C（半全画幅）"对应值为 0.018，"M4/3"对应值为 0.015，"全幅"对应值为 0.029。

（4）重叠率。在微距拍摄中，重叠率影响着图像拼接的质量和精度。根据不同的应用场景和需求，重叠率的设置会有所不同。这种设置有助于提高最终马赛克的"质量"，因为重叠越多，匹配的关键点就越多，从而提高图像拼接的成功率和精度。选择该比例值，可以确保前后两张照片有拍摄清晰的相同部位，方便后期软件合成。如果重叠比例设置得太高会影响拍摄效率。

（5）有效光圈。在微距摄影中，有效光圈是一个非常重要的概念。有效光圈是指镜头在对焦距离非无穷远时的实际光圈值，它会因为放大倍率的增加而变大。例如，如果镜头标称的光圈为 f/2.8，在 1∶1 放大倍率下，有效光圈会变为 f/5.6。这是因为微距摄影时镜头需要将光学元件移动得更远才能实现聚焦，这样会导致像距增加，从而影响实际的光圈值。受倍率和光圈值影响，数字越大越容易受到衍射的影响，所以建议选择最大光圈进行微距拍摄。

3. 设置移动总距离

根据拍摄的昆虫标本厚度设置移动总距离，总距离≥标本厚度。

4. 设置拍摄起点

调节电动滑轨，使其昆虫标本最高点刚好对焦清楚，将该点设置为拍摄起点。

5. 拍摄

（1）采用"S"形轨迹进行拍摄，每拍摄完一个部位后，移动微调平台，使其拍摄昆虫标本的下一个部位，直至将昆虫标本的所有部位拍摄完成。

（2）每次都要将滑轨升至拍摄起点。

（3）注意在拍摄过程中，不允许有任何晃动，否则功亏一篑。

八、图像处理

1. 景深堆叠

使用专业的景深堆叠软件（推荐使用 Helicon Focus）对拍摄标本的每一

图 13-16　合成前界面

组器官部位进行一一堆叠合成，合成前界面如图 13-16 所示，合成后界面如图 13-17 所示。

　　景深堆叠是一种通过拍摄多张在不同对焦距离下拍摄的照片，然后在后期处理中将这些照片合成一张具有更大景深的图像的处理技术。这种方法特别适用于风光摄影和微距摄影，能够确保从前景到背景的所有部分都保持清晰。

　　Helicon Focus 是一款专为解决浅景深问题而设计的图像处理软件，特别适用于超广角摄影、显微摄影和超焦距风景摄影。它通过整合多张局部聚焦的图片，生成完全聚焦的整体图像，从而实现理论上无限深度的清晰效果。Helicon Focus 支持多种文件格式，包括 RAW、TIFF 和 JPEG，可以将处理结果保存为 DNG 文件，这为后续的图像编辑提供了更大的灵活性。对于 Helicon Focus，建议尝试包含尽可能少的参数。一般在大多数情况下可以使用默认值

图 13-17   合成后界面

并获得良好的结果。但是对于复杂的情况，可能需要微调参数。

Helicon Focus 有三种计算方法，如图 13-18 所示。

方法 A（加权平均法）：根据像素的对比度计算权重，然后对所有源图像中的所有像素进行加权平均。这种方法适用于短堆栈，并能保留对比度和颜色。

方法 B（深度图法）：选择包含最清晰像素的源图像，并使用该信息形成"深度图"。这种方法对图像的顺序提出了严格的要求，通常要求图像顺序连续，适用于光滑表面的纹理渲染。

方法 C（金字塔法）：采用金字塔方法将图像信号分为高低频部分，适用于复杂情况（如交叉对象、深层叠加），但可能会增加对比度和眩光。

2. 图片拼接

使用专业全景拼接软件 PTGUI 对景深堆叠完成的器官部位进行拼接。

图 13-18 Helicon Focus 的三种计算方法示意图（来自网络）

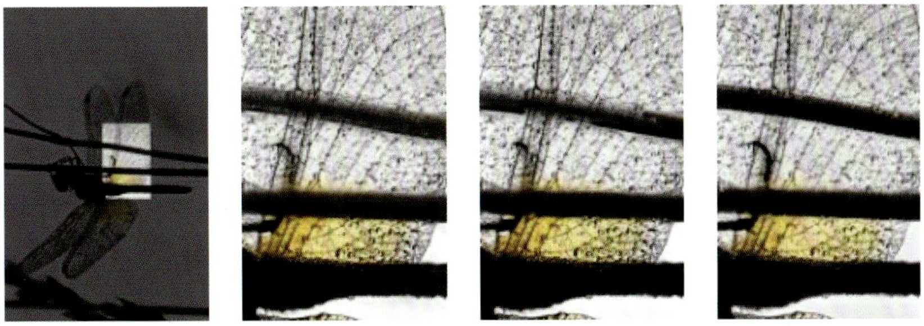

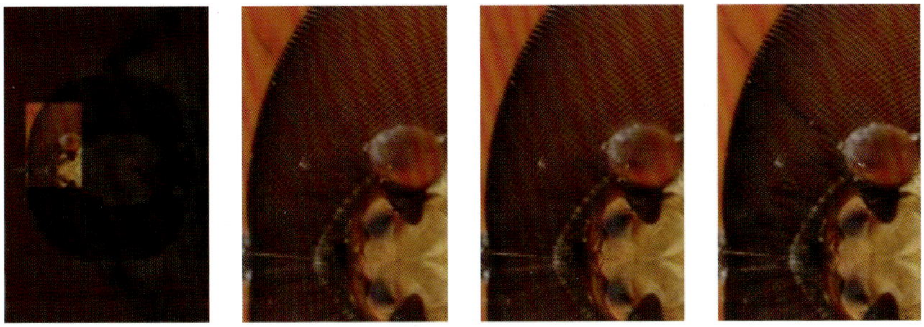

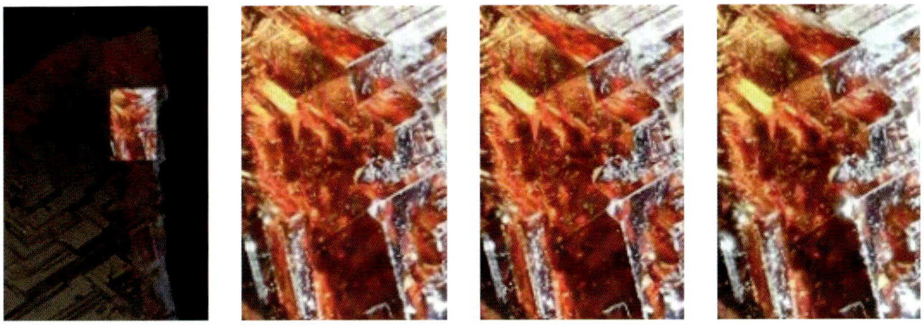

PTGUI 是一款全景图像拼接软件，支持多种操作系统，能够处理各种类型的镜头拍摄的照片，如长焦、普通、广角和鱼眼镜头。它能够自动识别照片的重叠区域，并通过计算控制点来优化全景图的拼接效果。此外，PTGUI 还支持多种图像格式输入，如 JPEG、TIFF、PNG 和 BMP，并提供实时预览功能，使用户可以即时查看拼接效果，拼接界面如图 13-19 所示。

3. 图片处理

将输出的全景图导入 ps 进行后期处理。

（1）对照片中的昆虫标本主体进行旋转矫正，并裁掉其他多余的边框。

（2）对图片整体或者局部进行适当的曝光量调节。

（3）对图像进行图片色彩校准，以记录真实的标本实物色彩。

（4）成片，如图 13-20 所示。由于照片经过合成，可以有更多的细节呈现，在一些应用场景中，也可以满足需要局部截取图片的需要，如图 13-21、图 13-22 所示。

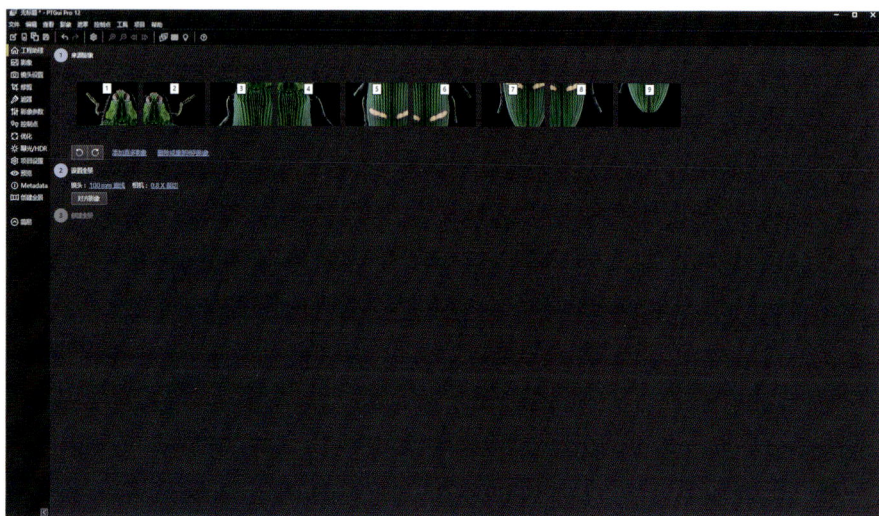

图 13-19　PTGUI 拼接界面示意图

图 13-20 成片

图 13-21　局部特写 1

图 13-22　局部特写 2

第十四章

影像数据
保管和使用

在日益兴起的博物馆信息系统建设和数字博物馆建设中，影像数据是开展文化展示工作最重要的资源数据。大量的数据文件需要一个完善的数据库进行存储和管理，它是信息资源共享的最佳方式。在传统博物馆中，影像信息相对于藏品实体来说是辅助的工作数据，但在现代博物馆中，数字化藏品数据与实体藏品同等重要，博物馆信息化数据库 80% 为影像数据。因此，规范化地采集、保存和管理这些影像数据，以确保其永久保存及使用，对展览展示等各类场景需求提供数据支持，对保护实体藏品至关重要。

在计算机科学与技术领域，计算机组织和存储数据的特定方式是数据结构，数据结构是数据可以被高效访问与修改的必备条件。为了分析数据，有三种数据结构类型是最常用的：结构化数据（Structured Data）、非结构化数据（Unstructured Data）、半结构化数据（Semi-structured Data）。还有一类是元数据（Metadata），技术上来说不是数据类型。

结构化数据：结构化数据是预先定义的数据模型，因此可以直接用来分析。结构化数据在不同的行和列之间符合关系型表格的形式。常见的结构化数据的例子有 Excel 文件或 SQL 数据库，它们都有结构化的行和列，可用来分类。

非结构化数据：非结构化数据不是预先定义的数据模型，也没有预先定义的组织形式。它写满了各类文字，包含了日期、数字和其他内容。这样的数据不规则并且含糊不清，与传统存储在数据库结构中的数据相比，难以理解和使用，无法简单地用表格中的行列关系来表示和存储。常见的非结构化数据有音频、视频或 No-SQL 数据库等。

半结构化数据：半结构化数据是结构化数据的形式，但是不符合正式的结构化数据模型，但包含标签或其他的标记来分割语义元素，数据中具有强制性的结构层次记录和字段。半结构化数据一般是自描述的，数据的结构和内容混在一起，没有明显的区别。因此通常会有自定义结构。JSON 和 XML 是半结构化数据。

最后一类数据是元数据。从技术的视角看，这不是单独的数据结构，但却是大数据分析和大数据解决方案最重要的元素。元数据是描述数据的数据。元数据提供数据的额外信息，例如一组照片中，元数据描述了拍摄时间和地点。元数据提供数据的字段和位置，本身可以认为是结构化数据，因此，元数据经常被用来做大数据解决方案的初步分析。

影像数据属于非结构化数据的范畴。例如图像数据，通常以文件形式存储，其内容和格式没有固定的模式，无法直接通过关系型数据库的二维表结构来管理和操作。此外，图像数据可能包含不同的分辨率、颜色深度等，使其结构更加复杂和多样。

技术的发展使采集影像数据的工具变得多样性，不断更新变化的数字影像加工软硬件导致影像数据文件格式不统一，如何保证所存储的影像数据未来能永久重复利用是关键问题。用户对影像数据文件量的需求不断增大，数据存储技术快速发展，这就导致用户在选择什么样的数据存储方式时出现分歧和困惑。所以，影像数据存储介质及方式的规范化至关重要。

新型云存储模式的广泛使用为博物馆数据存储提供了另一种更为便捷、更为安全的解决方案。传统的磁盘阵列为在线存储、磁带近线和光盘离线备份，因为其利用率低、寿命有限，无法提供数据差错控制、冗余功能差，造成对数据保护的不足。私有云在数据安全方面具有天然优势，因为数据存储在博物馆内部或专用环境中，员工可以在授权范围内安全地使用私有云存储功能，减少了数据泄露的风险。同时，私有云具备高容错性和可用性，能确保服务的连续性，并减少停机时间。但私有云面临高昂的成本和技术复杂性的挑战，博物馆从业人员需根据具体需求和成本进行权衡，选择合适的存储方式，从而更好地管理和使用影像数据。

一、影像数据存储原则

在大数据时代，数据已经被当作一种重要的战略资源，也可以成为一种资产，数据资产是无形资产的延伸，是主要以知识形态存在的重要经济资源，是为其所有者或合法使用者提供某种权利、优势和效益的固定资产。同其他资产一样，数据资产也是博物馆价值创造的工具和资本。拥有数据的规模、活性以及收集、运用数据的能力，将成为博物馆事业的核心竞争力。

国家自然博物馆存有图片、视频、音频、三维模型、课件等影像数据，特别是藏品影像数据，存有不同角度的藏品图片，这些图片又分为高清图片、原始图片、缩略图，同一件藏品也存在多个不同时期、不同内容的视频数据。根据国家自然博物馆的实际情况，这些影像数据存储时遵循以下原则。

1. 安全性原则

安全性原则又包含数据安全性、存储安全性、网络安全性、访问控制安全性、权限安全性，目的是防止被未经授权的人访问和篡改。

（1）数据安全性：数据不能被删除、修改、篡改、任意复制，保证数据的真实性、完整性和可用性。有效的数据验证和错误检测机制可以帮助识别和纠正任何数据中的错误或缺失，并确保影像数据的准确性。

（2）存储安全性：数据不能丢失、遗失、损坏，备份的数据能恢复，并且恢复的数据是真实可用的。为了保证数据的安全性和可恢复性，应采用分级备份策略。这包括定期进行备份，并将备份数据存储在至少两个地理位置，以防止意外数据丢失。备份策略可以根据数据的重要性和紧急程度来确定备份频率和级别。

（3）网络安全性：数据的存储网络环境需要国家自然博物馆内网，同互联网存在逻辑隔离或物理隔离，网络环境内不存在病毒、木马，有应对网络攻击的防范措施等。

（4）访问控制安全性：其他业务系统使用这些影像数据需要通过接口实现，通过系统接口定义访问控制权限。

（5）权限安全性：不同业务部门、不同权限的用户对影像资源设置严格的访问控制权限，原始图片、高清图片等影像资料的访问、下载应该控制。

2. 高效性原则

保证数据具备快速读取、读写、复制、备份、恢复能力，同时满足数据具有实时性和即时性的需求。

3. 可扩展性原则

可扩展性主要指存储影像资源的环境和载体具备可扩展性，满足增长数据的存储环境和存储空间，存储环境稳定、存储空间方便简单、可随时扩展存储容量，无需升级或重新建设。

4. 成本效益原则

存储环境和存储容量建设要经济合理，便于维护且维护成本低。存储环境和存储容量建设适度进行，兼顾技术进步、环境变化对建设规模和成本的影响。

此外，在存储和使用影像数据时，博物馆应遵循适用的数据保护法规和标准，以确保影像数据的合规和隐私保护。这包括个人信息保护法、版权法和文化遗产保护法等。同时，还应确保在跨境数据传输和共享时符合国际数据保护准则。

二、影像数据格式

二维图像格式种类繁多，主要包括位图（像素图）和矢量图形两大类。以下是几种常见的二维图像格式及其优缺点。

1. JPEG

优点：广泛用于照片图像，压缩率高，适合存储空间有限的情况。

缺点：有损压缩，可能导致图像质量下降，尤其是边缘分明的图像，效果不佳。

2. PNG

优点：无损压缩，支持透明背景，适合需要高质量图像的场景。

缺点：文件较大，不支持动画特效，一些旧的电子邮件客户端可能无法显示。

3. GIF

优点：支持动画和透明度，适合网络传输和网页显示。

缺点：颜色限制在 256 种，压缩率不如 PNG 高。

4. TIFF

优点：高质量位图图像格式，支持多种分辨率和颜色深度，适合打印和专业用途。

缺点：文件较大，加载时间慢，移动时间长，磁盘空间消耗大。

5. BMP

优点：无损存储，不压缩，适合保存原始数据。

缺点：文件体积庞大，不适合网络传输。

6. SVG

优点：矢量格式，无损缩放，适合网络图标和标识，支持不同颜色。

缺点：文件较大，不适用于需要大量细节的图像。

7. WEBP

优点：支持无损或有损压缩，提供更高的压缩率和更好的图像质量。

缺点：浏览器场景下不如 JPEG 和 PNG 普遍。

8. RAW

优点：这是一种原始图像格式，记录了相机传感器捕获的未处理的图像数据，没有经过任何压缩或颜色处理，因此提供了最大的灵活性和图像质量。

缺点：文件体积大、处理速度慢、兼容性差、需要额外的处理步骤，这些因素都可能影响用户的使用体验。

元文件格式同时支持位图和矢量图像，如 PDF 和 EPS。EPS 指定图像大小，而 PDF 则包含更多的元数据信息。元数据采用标准化格式编码。为了提供有关影像数据的详细信息和与其他数据的关联，元数据应以标准化格式编码，如XML（可扩展标记语言）。元数据可以包含有关藏品的基本信息、采集条件、版权信息以及其他相关信息，以便更好地管理和利用影像数据。

每种格式都有其特定的应用场景和优缺点。选择合适的格式取决于具体需求，如图像质量、文件大小、兼容性和用途等。

三、命名规范

1. 文件命名应采用统一的标准

文件命名应基于统一的标准，包含关键信息，如藏品编号、采集日期、版本和影像质量等。这样的命名规范可以帮助员工快速识别和找到所需的影像文件。命名规范还应具有一定的灵活性，以便在需要时进行调整和扩展。文件夹结构应反映藏品分类和项目阶段，以便于检索。

2. 文件夹结构应反映藏品分类和项目阶段

为了更好地组织和管理影像数据，文件夹结构应反映藏品分类和项目阶段。可以根据不同的项目或分类创建文件夹，根据需要可在文件夹中创建子文件夹，以便于在需要时快速检索出相关的影像数据。文件夹结构应清晰、有序且易于理解。

3. 影像数据命名规范

本命名规范是依据国家自然博物馆藏品数字信息管理系统对影像数据的管理和应用制定的。国家自然博物馆对现有的影像数据在藏品数字信息管理系统中的命名规范如下。

（1）图片命名规范。文件命名为：6 位总登记号 - 角度符号（字母）- 两位序号，如 A0001-A-01.jpg，A0001 为 6 位总登记号；A 为拍摄角度字母；01 为图片的序列号（00-99）。A 是正视图、B 是俯视图、C 是侧视图、D 是全景图、E 是局部图、F 是底部图、H 是背立面。

（2）视频命名规范。一件藏品只有一个视频时文件命名为 6 位总登记号，同一件藏品有多个视频时文件命名为：6 位总登记号 - 序号，如 B0001-01.mp4，B0001 为 6 位总登记号，01 为序列号（00-99）。

（3）音频命名规范。一件藏品只有一个音频时文件命名为 6 位总登记号，同一件藏品有多个音频时文件命名为：6 位总登记号 - 序号，如 C0001-01.mp4，C0001 为 6 位总登记号，01 为序列号（00-99）。

（4）3D 三维数据命名规范。一件藏品只有一个 3D 时文件命名为 6 位总登记号，同一件藏品有多个 3D 时文件命名为：6 位总登记号 - 序号。如 D0001-01.unity3d，D0001 为 6 位总登记号，01 为序列号（00-99）。

四、存储介质和位置

1. 选用高质量、长期保存的存储介质

为了确保影像数据的长期保存，应选择高质量的存储介质，如企业级硬盘或固态驱动器。这些存储介质具有更高的稳定性和可靠性，可以有效减少数据损坏和丢失的风险。此外，也可以考虑采用冗余存储技术，如 RAID（独立磁盘冗余阵列）来提高存储系统的可靠性。影像数据应存放在有权限控制的设备上，只有授权人员才能访问和修改数据，应采取适当的防火墙和网络安全措施，以防止未经授权的访问和数据泄露。

2. 数据存储的形式

数据存储的形式有分布式存储和集中式存储，各有利弊，见表 14-1。

表 14-1　数据存储的形式

特性	分布式存储	集中式存储
性能	可以通过增加更多节点来提升性能。数据可以在多个节点间分布，减少了单点负载	性能受限于单个存储系统的能力，高并发访问可能成为瓶颈
扩展性	易于横向扩展，可以通过增加节点来增加存储容量和处理能力	扩展性有限，通常需要升级现有硬件或更换强大的系统
成本	初始成本较高	初始成本较低
数据冗余与可靠性	可通过数据复制和分布式算法提高数据的可靠性和容错能力	依赖于本地 RAID 保护，备份和容灾计划来保证数据的可靠性和安全性
管理复杂度	管理较为复杂，需要专业知识来维护系统的稳定性和性能	相对容易管理，但随着数据量和访问量的增加，管理难度也会上升
数据一致性	数据一致性的管理更加复杂，需要采用特定的一致性协议	相对容易实现数据一致性，因为所有数据都存储在一个位置

国家自然博物馆二维影像数据主要来源于藏品数字化采集数据、影院数据、拍摄视频、科研科普文章、大模型训练数据等非结构化数据类型，兼顾机房环境、数据容量及初始化成本的考量，现采用集中式存储方案。服务器和集群存储安装部署在博物馆地下一层机房中，如下图所示。

方案拓扑

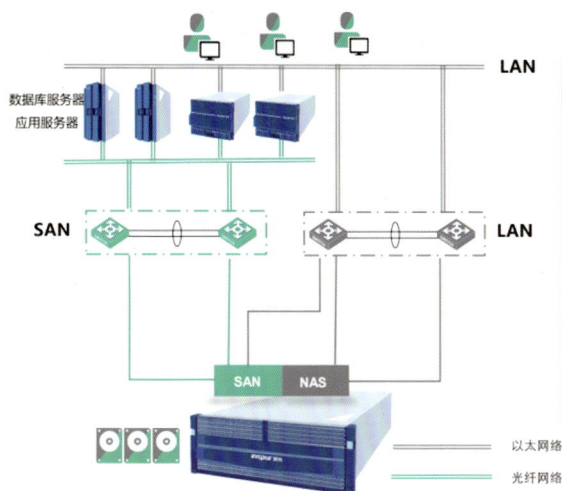

方案说明

- 不同业务存储需求不同，
  - 结构化：使用FC、SAN网络，块存储格式
  - 非结构化：使用万兆LAN网络，文件存储格式
- 支持硬盘混插，按需组合硬盘
- 配置缓存加速功能，提升读性能
- 支持在线扩展，本地剩余24个硬盘槽位，满足未来3年增长需求（每年50TB）
- 可通过增加扩展柜的方式进一步扩展存储空间

机房存储方案示意图

五、备份与恢复

1. 定期进行归档和离线备份

为了防止数据丢失，应定期进行影像数据的归档和离线备份。离线备份可以通过磁带、光盘等媒体进行，以确保备份数据的安全性和可访问性。备份过程中应注意数据完整性和压缩率，同时应储存多个备份版本，以使数据能够在不同时间点进行恢复。

2. 设立关键数据的即时备份机制

关键数据的丢失会导致严重的后果，因此应设立关键数据的即时备份机制。任何修改数据的操作都应自动触发备份过程，以确保数据的实时备份和恢复。备份过程中应注意数据的一致性和有效性，以避免备份出现问题。结合实际的业务需求，考虑采用完全备份和增量备份。

3. 定期测试数据恢复流程

定期测试数据恢复流程可以确保备份的有效性。通过定期测试，可以发现和解决备份和恢复过程中的问题，确保在需要恢复数据时能够顺利进行。测试过程中应验证数据的完整性和准确性，以及数据库的可用性和性能。

4. 附件文件和数据库文件

国家自然博物馆藏品数字信息管理系统进行管理的数据分为两部分，一部分是附件文件，一部分是数据库文件。附件文件是系统在部署发布时就固定了文件存储路径，这些附件文件只能通过系统进行查阅、下载等管理。数据库是存储影像数据和附件文件路径地址的映射关系。附件文件和数据库需要同时备份。附件文件保存在网络存储设备中，同时定时做附件文件的冷备份，冷备份介质有专人保管。数据库通过脚本方式实现定期全备份。数据库备份文件只保存在网络存储设备中。

六、访问控制

1. 限定授权人员对数据的访问

只有经过授权的人员才能访问和修改影像数据。建立适当的权限管理机制，确保只有特定的人员才能获取敏感数据。此外，还应设立额外的访问权限和审查机制，对高风险数据或高价值数据进行更严格的保护。记录所有对数据存储系统的访问和操作，实行审计跟踪。

2. 记录所有对数据存储系统的访问和操作

记录所有对数据存储系统的访问和操作是一项重要的安全措施。这样可以进行审计跟踪，及时发现和解决可能存在的安全问题。访问日志应包括用户的身份信息、访问时间、访问的文件或目录、操作类型等内容。

3. 进行员工培训

为了确保员工了解和遵守存储管理规范，应进行相关培训和教育。培训内容应包括数据存储和备份策略、访问控制和安全措施、数据恢复流程等方面，以帮助员工正确使用和管理影像数据。

4. 访问控制细则

国家自然博物馆的影像原始数据保存在地下一层的机房存储设备中，同时这些浏览级别的数据也在博物馆藏品数字信息管理系统中进行管理。

（1）博物馆藏品数字信息管理系统部署在博物馆内网，只有在博物馆内网的业务部门才能访问该系统。

（2）博物馆互联网区域和馆内网之间通过防火墙实现逻辑隔离，互联网区域的办公电脑无法访问该系统。博物馆局域网之外的网络无法访问该系统。

（3）藏品管理部的总账管理员通过馆内网办公室电脑登录该系统，实现对藏品影像数据的增加、修改、删除等管理工作，总账管理员具有对藏品影像数据的管理权限，分账管理员只能管理自己负责的藏品影像数据。

（4）博物馆其他业务部门业务人员通过馆内网办公室电脑登录该系统查看藏品浏览级别的藏品影像数据。对外提供或馆内利用需要高清或原始影像数字资源数据时通过线下审批程序，信息技术部数据管理员根据审批清单提供数据。信息技术部数据管理员具有管理原始数据权限，在藏品数字信息管理系统中没有对藏品影像数据的添加、修改、删除管理权限。

七、数据维护

1. 维护原则

（1）定期检查和维护存储系统。定期检查和维护存储系统，包括软件和硬件的更新和升级。这有助于提高系统的性能和稳定性，减少数据损坏和丢失的风险。同时，还应定期清理无用数据和文件，以释放存储空间和提高数据访问速度。

（2）采用适当的反病毒和反恶意软件工具。为了保护数据的安全性，应采用适当的反病毒和反恶意软件工具，对存储系统进行定期扫描，以确保数据不受到病毒和恶意软件的威胁。软件工具应经常更新，以识别和处理新出现的威胁。

（3）数据完整性验证和修复。定期进行数据完整性验证是保障影像数据质量的重要步骤。通过验证数据的一致性、完整性和可用性，可以及时发现和纠正数据损坏或错误。应及时修复发现的问题，并对影响范围进行评估和修复措施的改进。

本文数据维护内容主要根据国家自然博物馆藏品数字信息管理系统对影像数据的管理和应用，其他应用环境可以参考或借鉴。

2. 影像数据系统上传维护

（1）文件大小不能超过 10MB。

（2）图片数据必须为 jpg 的图片格式的文件，文件命名规则见本章"命名规范"。

（3）音频数据可以是 Mp3、MPEG、AIFF、MPEG-4、WMA 等格式文件，文件命名规则见本章"命名规范"。

（4）视频数据可以是 AVI、mov、rmvb、rm、FLV、mp4、3GP 等格式文件，文件命名规则见本章"命名规范"。

3. 影像数据原始资料维护

（1）保存原始数据中质量最高、内容最全的一版；同一件藏品不同时期的原始数据，保留最新或质量更高的一版，版本低的没有利用价值的原始数据不保留。

（2）原始资料命名按总登记号或藏品名称，有总登记号的按总登记号命名，一个总登记号多个原始资料的命名规则为：6 位总登记号 - 年 4 位月 2 位日 2 位，且在原始资料内加内容描述；没有总登记号的命名为：藏品名称 - 年 4 位月 2 位日 2 位，且增加对原始数据的内容描述说明文件。

（3）原始数据保存格式需要是常规或目前流行的，要求兼容多个编辑工具。

（4）对多个原始数据进行编辑产生的数据作为生产数据保存在数字资产管理系统中。

八、数字技术视角下博物馆影像数据的知识服务分析

近年来，以云计算、大数据、人工智能等为代表的新兴数字技术快速发展，人类文明快速发展，全球数据库快速发展。流动、共享，数据间的关联、

融合，成为数据最大的价值。由数据价值引发的知识服务的概念也开始被引入博物馆服务的新领域。博物馆以知识服务为突破口来创新数字资源的利用模式。通过数据中的知识挖掘与语义的关联来构建知识检索、知识发现等知识服务平台，帮助用户解决知识需求和知识应用问题。

在具体的应用层，博物馆藏品的影像数据目前都是以藏品信息管理库的方式被利用，极少数博物馆开始从管理型数据库向知识库方向扩展的尝试。

藏品知识库与藏品信息管理库有所不同，它最大的特点是能为一件藏品建立起比较完整的知识体系，更注重知识的相关性。比如通过藏品数据的原始积累，利用自然语言、大数据分析将藏品的本体数据与海量、多源、异构的数据，如考古数据、地理数据、环境数据、气候数据、文献数据、学术研究数据等组织起来；也可以将不同格式、不同结构的数据间建立关联，比如藏品的文字信息、二维属性、影像或者声音之间的联系、附属关系等；通过自动化抽取构建知识图谱，从而更加清晰地梳理和呈现特定领域的知识脉络，从而实现基于图谱的知识关系可视化和智能问答。通过这些方法和步骤，完成知识服务系统的构建。这些联系和模型的叠加，既是博物馆大数据资源规范化管理和整合的基础，也是让博物馆数据充分实现共享和开放价值的重要支撑。